기독교문서선교회(Christian Literature Center: 약칭 CLC)는 1941년 영국 콜체스터에서 켄 아담스에 의해 시작되었으며 국제 본부는 미국 필라델피아에 있습니다. 국제 CLC는 59개 나라에서 180개의 본부를 두고, 약 650여 명의 선교사들이 이동도서차량 40대를 이용하여 문서 보급에 힘쓰고 있으며 이메일 주문을 통해 130여 국으로 책을 공급하고 있습니다. 한국 CLC는 청교도적 복음주의 신학과 신앙서적을 출판하는 문서선교기관으로서, 한 영혼이라도 구원되길 소망하면서 주님이 오시는 그날까지 최선을 다할 것입니다.

추천사

류영모 목사
한소망교회 담임, 대한예수교장로회 부총회장

　복음적 영성은 하나님의 말씀을 내면화해서 성도의 삶으로 실천하는 지혜요 능력이라고 생각합니다. 최봉규 목사는 이렇게 말씀과 복음에 근거한 영성 신학자요 영성적 목회자입니다.
　"내려갈 때 보았네. 올라갈 때 못 본 그 꽃"이라는 시구처럼 팬데믹 위기 시대에 소그룹에 임재하시는 성령, 가정의 신앙교육의 중심됨, 말씀 위에 굳건히 서는 성도의 소중함을 보았습니다.
　이토록 소중한 꽃을 발견하고도 교회와 성도들을 어떻게 희망의 길로 인도해야 할지 막막하기만 한 이때, 최봉규 목사는 이 보석을 혼자만 품고 있지 않고 책으로 발간해 길라잡이가 되어 주었습니다.

유 해 룡 박사
모새골공동체교회 담임목사, 전 장로신학대학교 영성신학 교수

본서는 누구나 쉽게 접근할 수 있는 구체적인 안내서이자, 신학적이고 역사적인 뿌리를 간과하지 않은, 이론을 잘 겸비한 매우 실용적인 책입니다. 지속적인 말씀묵상을 통해 심도 있는 영적 생활을 갈망하는 평신도들이나, 스스로 묵상생활을 하면서 성도들을 그러한 삶으로 이끌어 주는 영적 지도자 역할을 하고자 하는 목회자들을 위해 잘 꾸며진 책이기에 기꺼이 추천합니다.

유 재 경 박사
영남신학대학교 기독교 영성학 교수

서점에 가면 '묵상'이나 '영성 훈련'과 관련된 책을 많이 발견할 수 있습니다. 그러나 홀로 또는 소그룹으로 '말씀묵상'과 '영성 훈련'을 안내받을 교재를 찾기 힘듭니다. 대부분 책이 주제별 영성 훈련을 소개했거나 영성 훈련을 안내하기 위해 저술했지만 쉽게 공감하기 힘듭니다. 심지어 목회를 준비하는 신대원생이나 목사님들조차 영성 훈련을 위한 좋은 책을 찾기 힘듭니다. 그런데 최 목사님이 집필하신 묵상집은 누구나 쉽게 묵상의 세계를 경험할 수 있도록 안내한 훌륭한 저술입니다.

백 상 훈 박사

한일장신대학교 기독교 영성학 교수

본서의 탁월함은 성찰, 복음서 묵상과 렉시오 디비나 그리고 향심기도에 이르는 다양한 묵상법을 7주 안에 마스터할 수 있도록 도울 뿐만 아니라 묵상을 가르치는 데 도움이 되는 실제적인 팁과 매뉴얼을 제공한다는 데 있습니다. 본서와 함께하는 묵상의 여정은 하나님과의 친밀감을 증진하고 교회 공동체의 영적 성숙을 맛보게 할 것입니다.

조 용 순 박사

아름다운교회 담임목사,
웨스트민스터신학대학원대학교 기독교 교육학 겸임교수

본서는 말씀과 기도가 넓어지고, 높아지고, 깊어지는 통로를 제공합니다. 그리고 깊어지는 영적 풍성함은 그리스도를 모시는 삶, 더욱 다른 사람과 세상을 품을 수 있는 삶, 더욱 교회를 사랑하고 섬길 수 있는 삶, 더욱 그리스도의 은총으로 누리는 강건한 삶으로 묵상자들을 안내합니다. 묵상 학교는 함께 성숙해지는 신앙과 삶으로 인도하는 계단입니다.

묵상 학교

Introduction to Seven Ways of Meditation
Written by BongKyu Choi
All rights reserved.
Korean Edition Copyright ⓒ 2021 by Christian Literature Center, Seoul, Korea

묵상 학교
7가지 묵상 방법 소개

2021년 3월 5일 초판 발행

지 은 이 | 최봉규

편　　 집 | 전희정
디 자 인 | 김현진
펴 낸 곳 | (사)기독교문서선교회
등　　 록 | 제16-25호(1980.1.18.)
주　　 소 | 서울특별시 서초구 방배로 68
전　　 화 | 02-586-8761~3(본사) 031-942-8761(영업부)
팩　　 스 | 02-523-0131(본사) 031-942-8763(영업부)
이 메 일 | clckor@gmail.com
홈페이지 | www.clcbook.com
송금계좌 | 기업은행 073-000308-04-020　(사)기독교문서선교회
일련번호 | 2021-19

ISBN 978-89-341-2252-4(03230)

이 책의 저작권은 저자와 (사)기독교문서선교회가 소유합니다. 신저작권법에 의하여 한국 내에서 보호받는 저작물이므로 무단 전재와 무단 복제를 금합니다.

7가지 묵상 방법 소개

묵상학교

최봉규 지음

Introduction to Seven Ways of Meditation

CLC

차례

추천사 1

    류 영 모 목사 | 한소망교회 담임목사, 대한예수교장로회 부총회장
    유 해 룡 박사 | 모새골공동체교회 담임목사, 전 장로회신학대학교 영성신학 교수
    유 재 경 박사 | 영남신학대학교 기독교 영성학 교수
    백 상 훈 박사 | 한일장신대학교 기독교 영성학 교수
    조 용 순 박사 | 아름다운교회 담임목사,
                   웨스트민스터신학대학원대학교 기독교 교육학 겸임교수

서문 9

제1장 묵상 학교를 위한 준비기도 모임 14

제2장 첫 번째 만남: 오리엔테이션 23

제3장 두 번째 만남: 성찰기도 (Prayer of Examen) 29

제4장 세 번째 만남: 복음서 묵상기도 (Gospel Contemplation) 45

제5장 네 번째 만남: 말씀에서 샘솟는 기도 (Lectio Divina) 64

제6장 다섯 번째 만남: 말씀반추 (Theological Reflection) 81

제7장 여섯 번째 만남:
         귀납적 말씀묵상 (Inductive Bible Meditation) 107

제8장 일곱 번째 만남: 향심기도 (Centering Prayer) 122

제9장 여덟 번째 만남: 일일 묵상 수련회 (총책임자에게 드리는 조언) 137

● 서문

최 봉 규 목사
내당교회 담임

1. 교재를 쓰게 된 동기

이 글을 쓰는 2020년 현재 코로나19 바이러스가 기승을 부리고 있습니다. 공포와 두려움이 엄습하고 있는 이때 교회 또한 어려움을 겪고 있습니다. 무엇보다도 저는 우리 성도들이 자유롭게 예배할 수 없는 현실이 가슴 아픕니다. 교회는 모태가 마가의 다락방 기도 모임이고 이름 또한 성도의 모임(에클레시아: 부르심을 받은 사람들의 모임)인데 모임에 제한과 제약이 있으니 교회가 얼마나 어려운 시절을 지내고 있는지 말로 다 할 수 없습니다. 그래도 이 질병의 시대에 교회는 믿음의 순례길을 멈출 수 없습니다.

그리스도를 본받고 성령님과 더불어 살아가는 성도의 삶을 질병 따위가 어찌 멈춰 서게 할 수 있겠습니까?

목회 현장 한복판에 서 있는 저는 이번 사태를 통해 다시 한번 마음에 확신한 것이 있습니다. 건강한 교회가 되기 위해서는 모두가 모이는 공예배 못지않게 필요한 것이 있습니다. 성도 개인의 영적 삶이 풍요로워야 하고, 가정이 믿음 위에 바로 서야 합니다. 그리고 교회 소그룹이 활발해야 합니다. 환란과 핍박 속에서도 흔들리지 않고 복음의 능력으로 로마를 뒤집었던 초대교회처럼 말입니다. 모임이 어려운 이 시대에 건강한 소그룹, 믿음의 가정, 개인의 영성 이 세 가지가 앞으로의 목회에 있어서 중요한 키워드가 되리라 생각합니다.

그런 의미에서 저는 저희 교회 성도들을 묵상의 자리로 초대했습니다. 그리고 공예배에서 충족되지 못한 깊이 있는 묵상의 세계를 맛보게 했습니다. 말씀이 온 마음과 삶에 퍼져 있는 성도가 믿음의 가정을 세우고, 그 가정 가정이 모여 건강한 소그룹을 만들 것이라는 확신이 있었기 때문이었습니다.

그리고 "맘스 묵상"이란 명칭으로 시작한 묵상 학교를 진행하면서 참여자들이 자기 자신을 성찰하며 말씀의 참맛을 느끼고 기쁨을 회복하는 모습을 보았습니다. 그래서 묵상 학교에서 나눈 내용을 교재로 만들어 묵상하고자 하는 다른 교회들도 섬기면 좋겠다는 생각을 갖게 되었습니다. 묵상기도를 소개하는 글이 이미 많이 출판되어 있지만, 교회에서 성도들과 함께 배우고 따라 해 볼 수 있는 쉬운 교재를 찾지 못해 아쉬워했던 분들에게 저의 부족한 지식과 경험이 녹아 있는 이 책이 도움이 되었으면 하는 바람입니다.

2. 교재의 주안점

본 교재를 내면서 제가 특별히 신경을 쓴 부분은 복음적인 교회들이 부담 없이 쓸 수 있게 하는 것이었습니다. 보통 영성묵상이나 침묵은 가톨릭의 것으로 오해하는데 그렇지 않습니다. 기도와 묵상은 오랜 기독교 역사에서 수도원 전통을 통해 주로 발달해 이어져 내려온 것이 사실이지만, 그렇다고 그것들이 다 수도사들의 점유물은 아닙니다. 말씀을 사모하고 묵상해 그 말씀을 육화하는 일은 모든 성도가 누려왔던 권리입니다. 개혁교회의 전통에 있던 경건주의와 청교도들을 보면 말씀을 사모하는 복음적 교회의 바른 신학 안에서 더욱 그러했습니다.

그러나 영성과 묵상의 삶을 추구하는 이들이 때로는 "더러워진 목욕물을 버리려다가 그 안에 있는 아이까지 버리는" 실수를 하기도 했다는 평가를 듣곤 합니다. 개신교는 중세의 그릇된 신학을 버리려다가 2000년 동안의 교회 역사에 전해져 오는 거룩한 묵상기도의 습관까지 버렸다는 것입니다.

저는 그 말에 공감이 갑니다. 그러나 버려진 아이를 찾아오면 더러워진 몸을 다시 씻겨 줘야 하는 것처럼 묵상기도의 전통도 하나님의 절대 은총과 복음의 은혜로 깨끗이 씻어야 합니다. 이 작업은 멈춤 없이 계속되어야 합니다. 본 교재는 그런 작업에 주안점을 두었습니다. 교회의 목회자가 성도들과 부담 없이 활용할 수 있도록 말입니다.

3. 교재의 구성과 활용방법

본 교재는 묵상 학교를 위한 준비기도 모임으로 시작해 오리엔테이션과 일일 묵상 수련회까지 총 8번의 만남으로 구성되어 있습니다.

준비기도 모임은 스텝들과 소그룹 리더들이 묵상 학교를 이해하고 자신이 해야 할 일들이 무엇인지 알도록 진행 순서와 함께 그 내용을 자세히 기록했습니다.

오리엔테이션은 묵상 학교에 참여하는 참가자가 묵상 학교에서 이뤄지는 일들을 잘 알고 마음의 준비를 할 수 있도록 구성했습니다.

그리고 이어지는 각 만남에서는 묵상기도를 소개하는 강의와 실습을 바로 진행할 수 있도록 설명해 놓았습니다. 교재를 잘 따라가면 경험이 적은 목회자들도 별 문제 없이 진행할 수 있을 것입니다.

특별히 인도자의 원활한 진행을 돕기 위해 각 장의 주제 옆에 QR코드를 새겨 놓았습니다. 이 QR코드로 들어오시면 저희 교회에서 진행한 묵상 학교의 강의와 실습 동영상을 참고할 수 있습니다.

마지막 여덟 번째 만남인 일일 묵상 수련회는 교재를 보고 그대로 따라할 수 있도록 설명해 놓았으나 각 교회의 상황과 목회 방침에 따라 다른 형태로 진행해도 좋습니다.

묵상 학교가 진행되는 동안 참가자들은 일주일에 5회 이상 성찰일기를 쓰고 매주 그 주에 배운 묵상기도를 개별적으로 하는 과제가 주어지는데 다른 노트가 필요하지 않도록 교재 안에 활용란을 마련해 놓았습니다.

4. 감사의 말

이 교재가 발간되도록 도와주신 많은 손길이 있습니다. 먼저 부족한 종을 영성의 길로 인도하시는 하나님께 감사하고 영광을 돌립니다.

그리고 캐나다 토론토에 있는 주빌리영성연구소의 영성 지도자들에게 감사드립니다. 토론토에서 함께 수학하고 영성 강좌, 기도 학교, 침묵수련회 등을 같이 꾸려 나가면서 많은 것을 배우고 나누었습니다. 이 교재에 있는 내용은 주빌리영성연구소 동료들과 함께 만든 것이라고 해도 과언이 아닙니다.

또한, 한소망교회 류영모 담임목사님께 감사드립니다. 제가 한국에 돌아오게 된 것 그리고 이렇게 잘 정착해서 목회를 하게 된 것도 모두 류영모 목사님 덕입니다. 무엇보다도 한국교회에 대한 사랑의 마음과 복음의 열정을 회복하도록 도우신 분도 류영모 목사님이십니다.

교재를 함께 읽고 격려하며 감수하신 모새골공동체교회의 유해룡 담임목사님, 한일장신대학교의 백상훈 교수님, 영남신학대학교의 유재경 교수님, 웨스트민스터신학대학원대학교의 조용순 교수님께 깊은 감사를 드립니다.

그리고 부족한 종의 목회를 순종하고 따라 주시는 사랑하는 내당교회 성도님들과 묵상 학교에 참여해 묵상의 기쁨을 함께 나누었던 수료자들의 사랑은 늘 제 가슴속에 있습니다.

마지막으로 남편의 목회를 위해 모든 것을 헌신하는 사랑하는 아내 김은순 사모와 아빠의 목회를 응원하며 기도하는 아들 현진이와 딸 솔희에게 진심어린 사랑을 전합니다.

2020년 가을 날
대구 반고개 언덕에서

제1장

묵상 학교를 위한 준비기도 모임

1. 영성 지도자의 자격(총책임자에게 드리는 조언)

묵상 학교를 열기에 앞서 함께 동역할 소그룹 리더들을 선정하고 그들과 준비 모임을 갖는 것이 좋습니다. 준비 모임에서 할 일은 다음과 같습니다.

첫째, 묵상 학교 운영에 필요한 행정적인 일을 점검합니다.
둘째, 소그룹 리더들의 주된 사역인 그룹 영성 지도에 대한 교육을 합니다.
셋째, 묵상 학교 참가자들을 파악하고 그들을 위한 기도를 합니다.

여기서 묵상 학교를 이끄는 총책임자(Supervisor)는 소그룹 리더를 선정할 때 신중해야 합니다. 묵상 학교에서의 소그룹 리더는 다른 양육 프로그램과는 달리 참가자들의 영적인 부분을 신중히 다뤄야 하기 때문입니다. 영성 지도에 대한 전문적 교육을 받고 자신을 돌아보는 묵상기도의 경험이 많은 사람이 있다면 그 분들은 묵상 학교를 함께 꾸려갈 두 말할 것 없이 좋은 재목일 것입니다.

하지만 각 교회의 상황이 그렇지 못할 것입니다. 그렇다고 해서 걱정할 필요는 없습니다. 주님은 교회들이 건강히 자랄 수 있도록 각 사람에게 필요한 은사를 이미 교회에게 주셨기 때문입니다. 전문적인 지식은 없어도 영성 지도를 감당할 만한 은사가 있는 성도들이 있을 것입니다.

제가 다년간 묵상 학교를 진행하면서 느낀 것이지만, 영성 지도는 많이 알아서 하는 것이 아니라 은사로 하는 것입니다. 그리고 그 은사는 믿음의 공동체가 분별할 수 있고 더 귀하게 쓰임받을 수 있도록 개발될 수 있습니다. 특별히 각 교회의 목양을 주님에게서 위임받은 목회자는 어떤 일꾼이 그런 은사가 있는지 잘 분별할 수 있을 것입니다.

영성 지도에 필요한 은사는 다음과 같습니다. 온유한 성품, 영혼에 대한 사랑, 마음 다해 들을 수 있는 공감 능력, 성숙을 기다릴 줄 아는 인내, 그리고 타인의 허물을 발설하지 않고 덮어 줄 수 있는 무거운 입입니다. 이런 은사는 소그룹 리더가 묵상 학교를 진행하는 동안 마음에 간직해야 할 덕목이기도 합니다.

2. 묵상 학교 준비기도 모임 (소그룹 리더에게 드리는 당부)

앞으로 여러분과 함께 묵상 학교를 이끌어 갈 생각을 하니 기쁘고 또 기대가 됩니다. 여러분이 묵상 학교를 이끌면서 자신의 영적 성숙을 볼 수 있을 것입니다. 항상 준비하며 기도하는 사람들이 더 큰 은혜를 누리는 법입니다. 오늘 여러분과 함께 나눌 내용은 다음과 같습니다.

첫째, 무엇을 위해 할 것인가?
즉, 묵상 학교의 목적에 대한 내용입니다.
둘째, 내가 하는 일은 무엇인가?
여러분이 해야 할 영성 지도에 대해서 말씀을 나눌 것입니다.
셋째, 이 일들을 어떻게 할 것인가?
영성 지도 준비와 진행 그리고 후속 활동에 대한 내용입니다.

이제 "무엇을 위해 할 것인가?"
곧 묵상 학교의 목적을 알아봅시다.

1) 무엇을 위해 할 것인가? (묵상 학교의 목적)

우선 묵상 학교를 함께 이끌어 가는 사람들로서 묵상 학교를 여는 목적을 잘 알아야 합니다. 과녁 없이 화살부터 쏴 놓고 보는 일은 없어야겠습니다. 묵상 학교를 여는 목적은 다음과 같은 세 가지입니다.

첫째, 참가자들이 주님과 더 가까이 다가가서 친밀함을 회복하는 것입니다.
많은 성도가 예수를 믿는다 하면서도 예수님과의 친밀함을 잃어버린 것 같습니다. 이런 우스갯말이 있습니다. 요즘 성도들이 천국에 가서 예수님 만나면 기뻐서 얼싸 안는 것이 아니라 "혹시, 예수님이신가요? 말씀 많이 들었습니다" 하면서 악수를 청할 것이라고 하더군요. 예수님이 우리 심령에 계시고 삶의 주인이 되시기 위해서는 예수님과의 친밀함을 잃어서는 안 됩니다.

둘째, 말씀묵상의 깊은 맛을 맛보게 하는 것입니다.

예수님과의 친밀함을 갖기 위해서는 말씀을 묵상하고 말씀을 통해 다가오시는 예수님을 만나는 것입니다. 묵상은 주님과 사귐을 갖는 가장 효율적 방법입니다. 하지만 묵상은 해 보지 않고는 그 맛을 알 수가 없습니다. 씹으면 씹을수록 깊은 맛이 나는 음식처럼 묵상은 하면 할수록 깊은 신비를 체험하게 됩니다. 묵상 학교에서는 여러 가지 묵상 방법을 소개하고 실습하면서 묵상의 맛과 그 삶의 유익을 경험하게 하는 데 목적이 있습니다.

셋째, 말씀을 통해 자기 자신을 볼 수 있도록 돕는 데 있습니다.

어떻게 보면 자신을 성찰하는 것이 말씀묵상에서 가장 중요한 부분이라 할 수 있겠습니다. 자신을 바로 보기 위해서는 거울이 필요합니다. 그리고 그 거울은 깨끗하고 일그러짐이 없어야 실재를 있는 그대로 나타낼 수 있습니다. 하나님의 말씀은 흠 없이 무오하고 변함이 없습니다. 그 말씀 앞에 자신을 비춰 볼 때 우리는 자신의 일그러진 부분과 더러운 부분을 알아차릴 수 있습니다. 여러분은 이런 일들이 묵상 학교에서 온전히 이루어질 수 있도록 돕는 일을 맡았습니다.

2) 내가 하는 일은 무엇인가? (그룹 영성 지도에 대해)

이제 여러분이 하는 일에 대해서 말씀드리겠습니다. 여러분이 하는 일은 한마디로 영성 지도(Spiritual Direction)입니다.

영성 지도라 하니까 거창하게 들리고 약간 권위적인 어감이 느껴지죠?

그런데 사실 그렇지 않습니다. 여기서 '지도'라는 말은 남을 이래라 저래라 하는 권위자의 모습이 아니라 길을 안내하는 안내자 즉 봉사자의 의미입니다.

그럼 영성 지도란 무엇일까요?

영성 지도에 대한 여러 가지 정의가 있지만, 여러분의 이해에 가장 적합한 정의는 피터 볼(Peter Ball)의 정의인 것 같습니다. 피터 볼은 영성 지도를 이렇게 정의합니다.

> 영성 지도는 한 기독교인과 다른 기독교인과의 관계인데, 다른 기독교인이 예수 그리스도를 따르는 사람으로서 성숙하도록 그 믿음의 여정을 동반해 주는 것이다.[1]

피터 볼은 영성 지도를 "믿음의 여정을 동반해 주는 것"으로 소개하고 있습니다. 저는 이 "동반한다"는 말이 와닿습니다. 신자들 특히 기도와 묵상을 많이 하는 사람들이 흔히 빠지는 함정이 있습니다. 그것은 바로 영적 교만이라는 함정입니다.

하나님 앞에서 누가 더 영적으로 훌륭하다 할 수 있겠습니까?

우리는 모두 영성의 길을 걷고 있고 함께 걸어야 하는 존재들 아닐까요?

---

[1] Peter Ball, *Anglican Spiritual Direction*, Second Edtion, Harrisburg, NY: Morehouse Publishing(2007), 3. 이강학, "영성 지도의 정의", 『영혼의 친구』(유해룡 교수 퇴임 기념 문집), 서울: 키아츠, (2018), 113. 재인용

그래서 유해룡 교수는 영성 지도의 목적을 이렇게 말하고 있습니다.

> 영성 지도의 중요한 목적은 신앙의 사람들로 하여금 의식적으로 하나님과 관계를 맺도록 해 주고, 그 관계를 발전시켜 주는 데 있다.[2]

거듭 강조하지만 여러분이 해야 하는 영성 지도는 영성 성숙의 길을 함께 걸어 주는 것, 그 길을 걸으면서 하나님과 깊은 관계를 맺을 수 있도록 도와주는 것입니다.

3) 이 일들을 어떻게 할 것인가?(영성 지도의 준비와 진행 그리고 후속 활동에 대해)

이제부터 소그룹 리더들이 어떻게 자신의 임무에 임해야 하는지를 구체적으로 설명하겠습니다. 소그룹 리더들이 해야 하는 일들은 다음과 같은 네 가지 사역입니다.

첫째, 자기 자신이 먼저 묵상 생활을 해야 합니다.

인도하는 자신이 말씀묵상의 경험이 풍성해야 합니다. 그 안에서 자신의 마음의 움직임을 보고 감춰진 속마음까지 보고 아는 경험이 풍성해야 그룹원들이 묵상을 나눌 때 그 의미를 잘 이해할 수 있고 속뜻도 헤아릴 수 있습니다. 그리고 자신이 먼저 그 길을 걸어 보았

---

2   유해룡, "영성 지도란 무엇인가?", 『영혼의 친구』(유해룡 교수 퇴임 기념 문집), 서울: 키아츠, (2018), 76.

을 때 공감하는 범위도 커질 수가 있습니다.

둘째, 그룹원들을 위한 중보기도를 잊지 말아야 합니다.

그룹원들은 묵상 학교 기간 동안 하나님이 우리에게 맡기신 귀한 영혼들입니다. 그들을 위한 거룩한 이 영적 사역에는 기도가 더 절실하게 필요합니다. 그들을 위해 시간을 정해 기도할 뿐만 아니라 생각날 때마다 기도하기 바랍니다.

셋째, 기도는 실천으로 이어져야 열매가 맺힙니다.

기도 자체에 능력이 있지만 그 기도를 통해 성령님이 주신 마음을 따라 실천할 때 더 풍성한 열매를 맺을 수 있습니다. 그래서 매주 시간을 정해서 자신이 맡은 그룹원들에게 연락해 그들과 더욱 친밀한 관계를 맺기를 권면합니다. 전화나 메시지를 보내도 좋고 수고스럽지만 손편지를 써 보는 것도 추천합니다. 그리고 묵상 학교 기간 동안 한 번은(3주차 정도) 함께 식탁 공동체를 이뤄 보는 것도 권합니다.

넷째, 소그룹 리더들은 묵상 학교가 시작하는 전, 후로 총책임자(Supervisor)와 미팅을 갖습니다.

묵상 학교를 시작하기 전에 그날에 해야 할 내용을 서로 점검하고 기도하고, 순서를 다 마친 후 다시 모여 그룹에서 일어났던 일들이나 그룹원의 특별한 상황을 함께 공유합니다. 특히 인도하는 데 어려웠던 사람이나 상황들을 서로 나누며 자신이 잘 인도했는지 더 좋은 방법은 없었는지 함께 논의해 봅니다.

그럼 이제부터 소그룹 리더의 주된 사역이 되는 소그룹 운영에 대해 말씀 드리겠습니다.

4) 소그룹 운영 시 주의 사항

소그룹 운영에 몇 가지 주의 사항이 있습니다.

첫째, 그룹 리더는 그룹원들의 영적 동반자임을 잊지 말아야 합니다.

그룹원들이 묵상기도를 통해 하나님을 발견하고 그 안에서 자신을 발견할 수 있도록 돕는 역할을 수행해야 합니다.

둘째, 한정된 소그룹 모임 시간을 잘 안배해야 합니다.

한 사람이 시간을 독점해 다른 사람들이 나눌 기회를 잃게 해서는 안 됩니다. 또 나눔에 소극적인 분들이 계속 자신을 숨기게 해서도 안 됩니다. 고루 고루 모든 사람이 나눔에 참여할 수 있도록 시간을 안배하는 것이 리더가 해야 할 중요한 일입니다.

셋째, 그룹원들이 편안하게 이야기할 수 있는 환경을 조성하기 바랍니다.

편안하고 서로의 이야기에 집중할 수 있는 분위기를 꾸미는 것도 좋은 방법입니다. 하지만 평안한 영적 분위기를 만들어 가는 것이 더 중요합니다. 시간이 지나면서 서로의 신뢰가 쌓이게 해 속사람의 솔직한 이야기를 할 수 있도록 기다려 줄 수 있어야 합니다.

넷째, 그룹원들이 나누는 이야기를 명확하게 할 필요가 있습니다.

종종 자신이 하고자 하는 이야기를 초점 없이 나누는 사람들이 있습니다. 그런 사람들은 원래 말주변이 없을 수도 있지만 대부분 자신의 마음을 명확하게 알지 못해서 그럴 때가 더 많습니다. 그때는 부드러운 질문으로 자신이 하고자 하는 이야기를 다시 정리해서 이야기할 수 있도록 기회를 주기 바랍니다.

다섯째, 그룹원들과 자신이 감당할 수 있는 이야기를 나누기 바랍니다.

솔직한 나눔이 중요하기는 하지만 종종 그룹원들과 리더도 감당하기 어려운 이야기들(지나치게 개인적이며 말하기 부끄러운 일들 또는 신학적으로 논란이 생길 만한 이야기들)이 불쑥 나올 때가 있습니다. 그때는 굳이 그 이야기를 계속 이어갈 필요는 없습니다. "감당하기 어려운 주제이니 오늘은 그냥 넘어갑시다"라고 하면서 자연스럽게 화제를 바꾸기 바랍니다. 그것은 말을 꺼낸 사람을 보호하고 또 듣는 사람들의 마음의 평정을 깨지 않게 하기 위함입니다.

여섯째, 잘 들어주고 잘 공감해 주는 리더가 좋은 리더임을 항상 명심합시다.

3. 묵상 학교와 맡은 그룹원들을 위한 중보기도

리더 Tip. 총책임자는 리더들이 맡을 그룹원들에 대한 정보(간단한 삶과 믿음의 이야기)를 알려 주고 그들을 위해 기도하도록 이끌어 주세요.

이제 자신이 맡은 그룹원들을 위해 기도합시다.

제2장

첫 번째 만남: 오리엔테이션

> 리더 Tip. 교회의 사정에 따라 첫 번째 만남인 오리엔테이션과 두 번째 만남인 성찰기도를 하루에 할 수도 있습니다. 하지만 오리엔테이션을 따로 진행하는 것을 더 추천합니다. 오리엔테이션을 따로 하는 이유는 첫날 진행의 분주함을 피하고 참가자의 묵상 학교에 대한 기대를 높이며 두 번째 만남부터 묵상기도를 진중하게 할 수 있게 하기 위해서입니다. 아무래도 첫째 날에 오리엔테이션을 하고 스탭을 소개하고 함께할 소그룹 멤버들을 만나고 나면 바로 강의와 묵상으로 들어갈 수 있는 분위기를 잡기 어렵고 시간적으로도 여유가 없게 됩니다. 보통 오리엔테이션은 45분 정도 소요됩니다. 그렇기 때문에 묵상 학교를 시작하는 주일 예배 후 잠시 모이는 것을 추천합니다.

1. 찬양

〈주 음성 외에는〉(새찬송가 446장)

1절
주 음성 외에는 참 기쁨 없도다
날 사랑 하신주 늘 계시 옵소서
2절
나 주께 왔으니 복 주시 옵소서
주 함께 계시면 큰 시험 이기네
후렴
기쁘고 기쁘도다 항상 기쁘도다
나 주께 왔사오니 복 주옵소서

2. 숨고르기

　잠시 일상의 분주함을 내려놓고 하나님의 임재를 사모하면서 침잠합시다. 이스라엘 백성을 하나님이 애굽에서 인도해 내신 후 그들은 환란의 순간을 맞이했습니다. 눈앞에 펼쳐진 홍해의 위협입니다. 설상가상으로 뒤에서는 바로의 병거가 추적해 옵니다. 이스라엘 백성은 혼돈에 빠졌습니다. 원망과 한탄의 소리가 지면을 덮었습니다. 바로 그때 하나님 앞에 선 모세에게 하나님이 말씀하십니다.

너희는 가만히 있어 내가 하나님 됨을 알지어다 내가 뭇 나라 중에서 높임을 받으리라 내가 세계 중에서 높임을 받으리라(시 46:10).

이 말씀은 오늘날 일상의 분주함과 혼돈 속에 살아가는 우리가 들어야 할 말씀입니다. 이제 제가 이 말씀의 한 구절인 "너희는 가만히 있어 내가 하나님 됨을 알지어다"를 한 단어씩 줄여 선포하겠습니다. 각 문장에 그 의미가 있고 묵상하면 할수록 그 의미가 깊어질 것입니다.

> 리더 Tip. 참여자들이 눈을 감고 편한 자세로 앉게 하고 리더는 3분 정도의 간격을 두고 한 문장 한 문장을 선포하듯이 읽어 줍니다. 영어에 익숙한 젊은 층에게는 영어로 읽어 줘도 좋습니다.

너희는 가만히 있어 내가 하나님 됨을 알지어다
(Be Still and Know that I am God).

너희는 가만히 있어 알라(Be Still and Know).

너희는 가만히 있으라(Be Still).

너희는 있으라(Be).

2. 환영과 묵상 학교 소개

여러분! 반갑습니다. 그리고 묵상 학교에 오신 것을 주님의 이름으로 환영합니다. 분주한 일상에서 시간을 내어 묵상 학교에 참여하는 것이 많이 힘든 줄 압니다.

그런데 항상 내려놓아야 귀한 것을 얻을 수 있는 것 아닐까요?

자기 소유를 팔아야 밭을 살 수 있고 지금까지 갖고 있던 진주를 내려놓아야 더 귀한 진주를 얻을 수 있는 것처럼 말입니다. 여기 묵상 학교에 참여하신 여러분은 분주한 일상을 내려 놓으셨습니다. 분명 더 귀한 것을 얻어 가실 것입니다. 하나님이 여러분을 빈손으로 보내지 않으실 것입니다.

묵상 학교는 말씀으로 다가오시는 예수님을 만나는 학교입니다. 이 만남은 말씀으로 다가오시는 주님을 만나는 것에 그치지 않습니다. 나아가 그 말씀의 빛에 드러나는 숨겨 놓았던 자신의 모습도 만나게 될 것입니다. 그리고 이 귀한 만남은 여러분을 주님과의 더 깊은 사귐으로 이끌어 가고 묵상 학교가 마칠 때 여러분의 심령에는 주님과 동행하는 일상을 만들어 가고 싶은 거룩한 갈망이 피어날 것입니다.

묵상 학교는 앞으로 총 7주 동안 진행될 것입니다. 6주는 기독교 전통 가운데 있는 여러 가지 묵상 방법을 배우며 실습할 것이고, 마지막 7주차에는 조용한 근교에서 일일 수련회를 하며 묵상의 더 깊은 맛을 보고 결단하는 시간을 갖겠습니다.

매 모임 시간은 숨고르기→묵상 소개→묵상 실습→소그룹 나눔의 순서로 진행될 것입니다.

특별히 소그룹 나눔은 묵상 학교에서 아주 중요한 시간입니다. 소그룹 나눔은 또 다른 묵상시간이라고 생각함이 옳을 것입니다. 자신이 실습한 묵상과 다른 사람들의 묵상을 비교하면서 자신이 묵상을 제대로 하고 있는지 점검해 보고 또 서로의 깊은 영적 이야기를 나누면서 서로 상처를 보듬는 거룩한 시간입니다.

그래서 이 시간은 자신의 묵상을 솔직히 나누고 다른 사람들의 영적 이야기를 공감하며 듣는 것이 중요합니다. 이것을 "공감적 듣기"라고 합니다. 타인의 영적 경험을 분석하거나 비판하지 않고 있는 그대로 공감해 주는 것, 즉 공감적 듣기가 잘 이루어져야 건강하고 영적인 소그룹이 될 수 있습니다. 그래서 소그룹 나눔을 위해 다음의 사항을 꼭 명심하고 지키길 권면합니다.

첫째, 거짓 없이 진실하게 나누기 바랍니다. 자신을 포장해 드러내려고 하지 말고 또 자신을 지나치게 감추려고도 하지 말길 바랍니다.

둘째, 타인의 나눔을 소중히 여기며 공감하면서 듣기 바랍니다. 듣는 귀에 더 귀한 은혜가 있음을 잊지 말길 바랍니다.

셋째, 절대로 소그룹에서 나눈 이야기를 비밀로 지켜 주길 바랍니다. 타인의 이야기를 지켜 주는 것이 곧 자기 자신을 지키는 것입니다.

3. 소그룹 리더 소개

이제 7주간의 묵상 학교 동안 여러분을 위해 기도하고 소그룹 나눔을 인도할 리더들을 소개하겠습니다.

4. 소그룹 나눔

그럼, 앞으로 7주 동안 묵상 학교라는 영적 여행을 함께할 여러분의 동반자를 만나도록 하겠습니다. 그룹 별로 잠시 모여서 자기 소개를 하도록 하겠는데요. 자기 소개를 하면서 꼭 묵상 학교에 들어오게 된 동기와 어떤 기대를 가지고 묵상 학교에 왔는지 나눠 주기 바랍니다.

제3장

두 번째 만남: 성찰기도
(Prayer of Examen)

1. 찬양

〈선한 능력으로〉 (작사: 본회퍼, 작곡: 지그프리트 피에츠 작곡)

1절
그 선한 힘에 고요히 감싸여 그 놀라운 평화를 누리고
나 그대들과 함께 걸어가네 나 그대들과 한 해를 여네
그 선한 힘이 우릴 감싸시니 그 어떤 일에도 희망 가득
주 언제나 우리와 함께 계셔 하루 또 하루가 늘 새로워

2절
저 촛불 밝고 따스히 타올라 우리의 어둠 살라 버리고
다시 하나가 되게 이끄소서 당신의 빛이 빛나는 이 밤
그 선한 힘이 우릴 감싸시니 그 어떤 일에도 희망 가득
주 언제나 우리와 함께 계셔 하루 또 하루가 늘 새로워

2. 숨고르기

너희는 가만히 있어 내가 하나님 됨을 알지어다
(Be Still and Know that I am God).
너희는 가만히 있어 알라(Be Still and Know).
너희는 가만히 있으라(Be Still).
너희는 있으라(Be).

3. 강의

흔히 구약 시대에 이스라엘이 멸망한 이유가 사람들이 하나님을 찾지 않았기 때문이라고 생각합니다. 그런데 실상은 그렇지 않은 것 같습니다. 하나님이 선지자 이사야를 통해 당시 이스라엘 백성의 영적인 상태를 이렇게 말씀하셨습니다.

> 여호와께서 말씀하시되 너희의 무수한 제물이 내게 무엇이 유익하뇨 나는 숫양의 번제와 살진 짐승의 기름에 배불렀고 나는 수송아지나 어린 양이나 숫염소의 피를 기뻐하지 아니하노라 너희가 내 앞에 보이러 오니 이것을 누가 너희에게 요구하였느냐 내 마당만 밟을 뿐이니라(사 1:11-12).

그러니까 사람들이 여전히 하나님께 많이 찾아왔고 또 무수한 제사를 드렸다는 것입니다. 그러나 그들은 하나님을 만나지는 않고 성전의 마당만 밟고 갔습니다. 그러니 당연히 삶의 변화도 없었겠지요. 한마디로 정리하면, 당시 종교의 부흥은 있었지만 신앙의 부흥은 없었다는 말입니다.

종교개혁 전에도 상황이 비슷했습니다. 역사적으로 그만한 기독교 예술의 화려함이 없었습니다. 그러나 사람들이 진정으로 하나님을 만나거나 삶이 변화하지는 않았습니다. 종교의 부흥은 있었으나 신앙의 부흥은 없었던 것이지요.

저는 오늘날 우리 한국교회의 모습이 그와 같은 모습으로 흘러가지 않을까 걱정스럽습니다. 한국 선교 135년의 역사 중 가장 화려한 기독교 문화를 꽃피우고, 화려한 건물에 아름다운 찬양의 선율이 흐르지만, 하나님을 만나 삶이 변화하는 모습이 없는 교회가 되지 않을까 걱정스럽습니다. 신앙의 부흥이 없는 종교의 부흥에 취해 있을까 봐 두렵습니다.

신약성경에 나오는 초대교회에 종교의 부흥은 없었습니다. 오히려 모든 인프라가 열악했습니다. 성도들은 대부분 문맹이었습니다. 그럼에도 불구하고 기독교 역사 중 가장 능력 있는 시대였습니다.

그 이유가 무엇일까요?

성도들의 신학적 지식이 높았기 때문일까요?

그렇지 않습니다. 신학적 지식으로 따지자면 오늘날과 비교할 수 없을 만큼 상대적으로 낮았었죠. 삼위일체론이나 그리스도론도 제대로 정립되지 않았을 때이니 말이죠.

그러면 무엇일까요?

무엇이 초대교회 성도들로 하여금 그 환란과 핍박 속에서도 능력 있는 삶을 살 수 있게 했을까요?

그것은 그들이 예수님과 동행하는 삶을 살았기 때문입니다. 자기는 죽고 예수로 사는 삶으로 주의 영을 따라 살았기 때문입니다. 내 주하시는 성령님을 인식하면서 살았기 때문입니다. 그러므로 오늘날 우리 안에 종교의 부흥이 아닌 신앙의 부흥이 있고, 경건의 모양이 아닌 경건의 능력으로 살기 위해서는 성령님과 동행하고 우리 안에서 역사하시는 주님을 인식하면서 살아가야 합니다.

1) 성찰이란 무엇인가?

오늘은 묵상 학교 첫 시간으로 성찰기도를 소개하려 합니다. 성찰은 성령님과 동행하고 주님을 인식하는 영성생활의 기본이 되는 영성 훈련입니다.
그럼 성찰이란 무엇일까요?

첫째, 성찰은 '깨어 있기'(Self-awareness)라고 할 수 있습니다.
정확하게 표현하면 항상 깨어서 주님이 함께하신다는 것을 인식하는 것입니다.
『하나님의 임재 연습』(The Practice of the Presence of God)이라는 책으로 유명한 로렌스 형제(Brother Lawrence of the Resurrection, 1614~1691)라는 사람이 있었습니다. 그는 38세라는 늦은 나이에 가르멜수도회에 입회해서 평수사로 지냈던 사람입니다. 늦은 나이에 수사가 되었으니 수도원에서 그가 할 수 있는 일은 별로 없었습니다. 기도회 인도나 예배 인도처럼 눈에 띄는 사역들은 젊고 유능한 수사들의 차지였고, 로렌스 형제가 할 수 있었던 일은 부엌에서 감자 까는 일과 다른 수

사들의 샌들을 수선해 주는 일이었습니다.

로렌스 형제는 사람들이 알아주지 않는 일상에서 자기 영혼을 깨워 예수님과 함께하고 있음을 항상 인식했습니다. 예수님과 동행하며 깊은 사귐 있는 삶을 살아갔습니다. 그러면서 로렌스 형제는 예수님을 닮아 갔습니다. 마침내 사람들이 그를 알아보기 시작했습니다. 함께하던 수사들과 지역의 성도들이 인생의 문제를 로렌스 형제와 상의했습니다. 그에게서 풍겨 나오는 예수님의 향기와 그 인품으로 사람들이 그를 가까이 하기를 원하게 된 것입니다.

성찰은 이와 같이 흘러가는 일상에서 깨어있는 것입니다. 그리고 우리가 아무렇지도 않게 여기거나 관심도 두지 않는 것에서도 하나님의 음성을 찾고 주님의 임재하심을 인식하는 것입니다. 그렇게 하루하루 주님의 임재를 알아차리고 동행하다 보면 예수의 마음을 갖게 되는 것입니다.

둘째, 성찰은 가면 벗기라고 할 수 있습니다.

우리 모두는 하나님과 사람들 앞에서 가면을 쓰고 있습니다. 의식적이던 무의식적이던 자신을 드러내지 않는 것에 익숙합니다. 그렇게 해야 자신을 보호할 수 있다고 생각하기 때문입니다.

그런데 우리의 가면이 우리의 부끄러움을 가릴 수 있겠습니까?

에덴동산에서 아담과 하와가 하나님의 말씀을 불순종하고 금단의 열매를 먹은 후 그들은 제일 먼저 무화과 나뭇잎을 엮어 자신의 수치를 가렸습니다. 그 잎사귀 몇 장이 자기를 보호할 수 있다고 생각했기 때문입니다. 그리고 하나님을 피해 이곳저곳 나무 뒤 그늘에 숨기 시작했습니다. 그러나 나뭇잎 몇 장으로 수치의 문제가 해결되지 못했습니다. 결국 하나님 앞으로 나와 하나님이 지으신 옷을 입음으로 그들의 수치가 해결되었습니다.

　성찰은 자신을 돌아보는 것입니다. 그리고 자신의 거짓된 가면이 얼마나 효과가 없고 오히려 자신을 얼마나 속박하는지를 보게 합니다. 동시에 성찰은 날마다 자신의 삶에서 부르시며 다가오시는 하나님의 은혜를 깨닫게 합니다. 결국 성찰은 하나님 앞에 자신으로 하여금 가면을 벗고 있는 모습 그대로 설 수 있게 합니다. 매일 반복하는 성찰은 그 길만이 자유롭게 할 수 있는 유일한 길임을 깨닫게 해 주기 때문입니다.

　셋째, 성찰은 성화를 위한 중요한 도구입니다.
　예수를 믿게 되면 칭의를 얻고 그 후 성령님과 동행하면서 예수님을 닮아 가는 성화가 되어 가며 예수님이 재림하시고 모든 것이 회복되는 그때에 영화에 이르게 됩니다. 그러니까 예수 믿는 사람들은 지금 성화의 길을 걷고 있는 것입니다.

　그럼 성화의 길은 어떻게 걷게 될까요?
　성화의 길은 성령님이 이끄시는 길입니다. 이때 자신의 모습을 돌아볼 줄 알아야 합니다. 성찰하지 않고는, 다시 말해 자신의 모습이 얼마나 부족한지를 알지 못하고는 거룩함을 사모하지 않습니다. '이만하면 괜찮지' 하는 교만한 마음에 사로잡히기 때문입니다.
　잭 메지로우(Jack Mezirow)라는 사람은 "변화 학습"(Transformative Learning)을 주창했는데, 한 사람이 변화하기 위해서는 기존의 모습을 완전히 뒤흔들어 놓아 혼돈에 빠지게 해야 한다는 것이 그의 지론입니다.
　'이 모습으로 있다가는 내가 망하겠구나!'

이런 심각한 회의가 들 정도로 말이죠. 사람은 지금의 자기 모습에 심각한 문제점을 자각하지 않고는 새로운 길을 찾지 않는다는 것이죠. 영성이 새로워지고 깊어진다는 것은 이런 자각에서부터 시작하는 것입니다.

개신교는 전통적으로 양심 성찰과 의식 성찰 그리고 믿음 성찰을 강조해 왔습니다. 우리의 양심이 새로워지고 깨끗해지기 위해서는 양심을 돌아봐야 합니다. 돌아보지 않고는 양심이 더러운지도 알지 못합니다. 우리의 의식이 하나님께 향해 있는지를 돌아봐야 깨어 있는 의식을 가질 수 있습니다. 우리의 믿음을 돌아보고 점검해야 연단한 순전한 금과 같은 믿음을 소유할 수 있는 것 아니겠습니까. 깨끗한 양심과 깨어 있는 의식 그리고 순전한 믿음으로 하나님 앞에 서는 것이 성화의 길이요, 성령님이 원하시고 우리를 이끄시는 길입니다.

2) 성찰은 어떻게 하는가?

그럼 어떻게 성찰할 수 있을까요?
믿음의 선조들은 어떤 방법으로 성찰했을까요?
우선 초대 교부들은 이런 방법으로 성찰했다고 합니다. 아침에 일어나 매끈한 돌 10개를 골라 한쪽 호주머니에 넣고 하루를 지내면서 바르지 못한 마음을 먹거나 행동을 했을 때마다 돌 하나를 다른 호주머니에 옮겨 놓는 것이죠. 그리고 하루를 마감하면서 다른 주머니에 옮겨진 돌들을 헤아리면서 반성을 했다 합니다.
하루가 정신없이 돌아가게 내버려 둔 것이 아니라 경성해 마음과 생각을 지키려는 노력이 아니겠습니까?

종교개혁가 마르틴 루터는 자기를 성찰하는 방법으로 기도의 꽃다발을 만들었다고 합니다. 그는 십계명이나 주기도문을 외우면서 한 계명 한 문장을 자기 자신에게 비쳐보고, 혹시 그에 어긋난 마음을 먹은 일이 있는지 깊이 생각하면서 한 가지 한 가지 회개하며 그것들을 묶었다고 합니다. 마치 꽃 한송이 한송이를 묶으면서 꽃다발을 만들 듯이 말이죠. 기도 가운데서도 하나님의 뜻을 간구하며 그 뜻대로 깨어 있으려는 몸부림인 것이죠.

영미 청교도들 사이에서 행해졌던 성찰 방법 중 하나로 "영혼을 쏟아 내는 기도"가 있습니다. 하루를 마감하면서 침대 밑에 엎드려 자신 속에 있는 것들을 하나님께 솔직하게 쏟아 놓듯이 기도합니다. 그리고 거기서 멈추는 것이 아니라 자기가 한 기도를 돌아보면서 자신이 가지고 있는 갈망들이 어떤 것인지 돌아보고, 또 마음의 상태가 어떤지 헤아려 보았다고 합니다.

또 어떤 이들은 자신의 영혼의 상태와 마음을 마치 영혼을 쏟아 내는 기도를 하듯이 일기장에 옮겨 담았습니다. 보통 일기라하면 하루의 일과가 어떠했는지 그리고 자신의 생각과 느낌을 적는 데서 그치지만 청교도들이 적어 놓은 일기는 그와 달리 영성일기라고 할 수 있습니다. 자신의 마음과 생각 그리고 하나님을 향한 갈망들을 숨김없이 기록했기 때문입니다. 그렇게 하루하루 기록을 하면서 자신을 성찰해 나갔던 것입니다.

3) 성찰일기 쓰기

저는 여러분께 성찰일기 쓰기를 권하고 싶습니다. 성찰일기는 우리의 일상에서 무심코 흘려보낼 수 있는 하나님의 임재하심을 알아차리게 합니다. 그리고 그 알아차림이 깊어지면 깊어질수록 임마누엘의 하나님에 대한 신뢰와 믿음이 깊어질 것입니다. 나아가 성찰일기는 자기 자신을 보는 좋은 방법입니다. 감춰 두었던 자신의 모습이 처음에는 낯설겠지만 진짜 자기 모습을 인정하고 용납하면서 점점 건강해지는 내면을 발견할 것입니다.

본 교재에 일주일에 5회의 성찰일기를 쓸 수 있는 페이지가 있습니다. 그 공간을 활용해 오늘부터 묵상 학교가 마칠 때까지 한 주에 5회씩 작성해 보세요. 그리고 그 이후에도 계속 쓰기 바랍니다. 확언컨대 큰 영적 유익이 있을 것입니다.

4. 성찰기도 실습

성찰기도는 성찰일기의 내용을 더 풍성하게 합니다. 성찰일기를 쓰기 전에 잠시 눈을 감고 아래의 질문을 따라 스스로에게 답해 보기 바랍니다.

> 리더 Tip. 리더는 실습자가 잘 따라올 수 있도록 2-3분 간격을 두고 아래의 질문을 조용히 읽어 줍니다.

잠시 눈을 감겠습니다. 숨을 고르고 분주한 마음이 차분하게 가라앉을 때까지 기다립시다.

이제 성령님의 임재하심을 구하는 기도를 드리겠습니다.

"성령 하나님, 주를 바라오니 이제 제 마음과 생각을 주관하소서!"

첫 번째 질문입니다.

오늘 하루(또는 지난 한 주간) 중 하나님과 가장 가까이 있었다고 느꼈던 순간은 언제였습니까?

두 번째 질문입니다.

오늘 하루(또는 지난 한 주간)중 하나님이 멀리 계시다고 느꼈던 순간은 언제였습니까?

세 번째 질문입니다.

그 순간 내 마음의 상태는 어떠했는가?

네 번째 질문입니다.

그 순간 마음에 들려오는 하나님의 음성은 무엇인가?

이제 눈을 뜨고 다음의 리뷰 용지에 떠올랐던 생각들을 적어 보기 바랍니다.

5. 리뷰

1) 오늘 하루(일주일) 중 하나님과 가장 가까이 있었다고 느꼈던 순간은 언제였습니까?

_____
_____
_____
_____

2) 오늘 하루(일주일) 중 하나님이 멀리 계시다고 느꼈던 순간은 언제였는가?

_____
_____
_____

3) 그 순간 내 마음의 상태는 어떠했는가?

_____
_____
_____
_____

4) 그 순간 마음에 들려오는 하나님의 음성은 무엇인가?

_____
_____
_____
_____

6. 나눔의 시간

이제 나눔의 시간입니다. 소그룹으로 모여서 리더를 따라 오늘 함께한 성찰기도를 작성하신 리뷰를 바탕으로 서로 나눔을 가지기 바랍니다.

7. 과제

오늘 과제는 오늘부터 성찰일기를 묵상 학교가 마칠 때까지 일주일에 5회 이상 쓰기입니다.

성찰일기 1
　월　일

성찰일기 2

　월　　일

성찰일기 3
월   일

성찰일기 4

　월　　일

성찰일기 5
월   일

제4장

세 번째 만남: 복음서 묵상기도
(Gospel Contemplation)

1. 찬양

〈더 원합니다〉 (작사/작곡: 나가사와 타카후미)

예수 사랑합니다 사랑합니다
온 마음 다하여 오직 주님 한 분만
간절히 더 원합니다 넘쳐나네 넘쳐나네
주를 향한 내 속의 갈망이
주님께로 날 이끌어 주소서
주님을 더 원합니다

2. 숨고르기

너희는 가만히 있어 내가 하나님 됨을 알지어다
(Be Still and Know that I am God).
너희는 가만히 있어 알라(Be Still and Know).
너희는 가만히 있으라(Be Still).
너희는 있으라(Be).

3. 과제 나눔

> 리더 Tip. 지난주 과제였던 성찰일기에서 받은 은혜를 간단히 나눕니다.
> 리더는 잘 들어주고 격려해 줍니다.

4. 강의

1) 복음서 묵상기도란 무엇인가?

복음서 묵상기도는 믿음의 선조들이 즐겨 사용해 온 묵상기도입니다. 이 묵상 방법은 복음서에 나오는 예수님의 생애에 대한 말씀에서 한 장면을 택해서 말씀을 읽고 듣는 우리 자신이 마치 그곳에 있는 것처럼 그 상황과 사건을 다시 체험하는 것입니다. 다시 말해, 예수님의 삶의 이야기를 타인의 이야기인 것처럼 관망하는 것이 아니라, 자신이 겪는 이야기 내지는 자신 앞에 벌어지는 이야기로 여기면서 그 이야기 속에 직접 들어가 그 이야기를 다시 살아 냄으로 살아 계신 예수님과 더 직접적이고 친밀한 관계를 맺는 묵상 방법입니다.

2000여 년 전 팔레스타인 땅에서 사셨던 예수님의 이야기와 십자가 사건은 오늘 여기에 사는 우리와 전혀 무관한 사건이 아닙니다. 그 이야기는 예수님을 영접하고 거룩한 교회의 성도가 된 우리를 위한 이야기이자 우리가 경험하는 이야기가 되었습니다. 그 사건들과 그 말씀들 하나하나가 지금 내 심령에서 살아나고 내 삶에 영향을 미치는 것은 우리 안에 계시는 성령님의 역사하심으로 겪게 되는 신비입니다.

그런 차원에서 복음서 묵상기도는 그리스도에게서 온 사랑의 편지를 펼쳐 읽는 것이라 할 수 있습니다. 그 편지에 적혀 있는 사랑의 이야기를 한 구절 한 구절 읽으면서 우리의 영혼은 그때 그 시간으로 소환되어 그곳에 있던 이들과 함께 같이 듣고 보고 느끼게 되는 것입니다.

복음서 묵상기도를 통해 우리는 다음과 같은 영적인 유익을 얻을 수가 있습니다.

첫째, 하나님과의 관계에 대한 자각과 성장입니다.

상상 속에서 드러나는 예수님과 우리의 관계 맺음의 모습은 놀랍게도 실제 우리와 예수님의 관계를 상징적으로 드러내는 것입니다. 그래서 복음서 묵상기도는 자신과 하나님과의 관계를 깨닫는 데 큰 도움을 줍니다. 복음서 묵상기도를 통해 오랫동안 예수님을 겪고 그 말씀을 다시 경험하면서 묵상 속에서의 관계가 변화되는데 놀랍게도 실제적인 우리 삶에서의 하나님과의 관계도 변화되며 성장하는 것을 볼 수 있습니다.

둘째, 묵상 중 나타나는 특별한 잔상과 이미지입니다.

복음서 묵상기도를 하다 보면 같은 본문 말씀인데도 사람에 따라 또는 삶의 굴곡에 따라 각자만의 독특하고 상이한 체험들을 갖게 됩니다. 그리고 이 체험들은 우리와 하나님과의 관계에 대한 중요한 이미지들을 제공합니다. 이러한 이미지들은 우리의 영적 여정에서 계속 기억하고 음미할 만한 시금석(touchstone)이 되기도 합니다.

한 가지를 예를 든다면, 저는 복음서 묵상기도 중 예수님이 제자들의 발을 씻어 주시는 장면을 묵상하면서 타인의 더러운 발에서 예수님의 가련하신 모습을 보게 되었습니다. 그 장면은 '예수님은 허리 굽히고 머리 숙이고 만지고 싶지도 않은 타인의 발을 들어 올릴 때 비로소 뵐 수 있다'라는 강한 메시지를 던져 주었습니다. 그 이미지는 수년이 흐른 지금도 제 삶의 시금석이 되고 있습니다.

2) 복음서 묵상기도와 상상력의 사용

하나님의 말씀을 묵상하는 방법은 무엇을 사용하느냐에 따라 다음과 같이 네 가지로 구분할 수 있습니다.

첫째, 이성으로 묵상하는 방법입니다.

하나님이 주신 이성으로 말씀의 문자적 의미와 문맥의 의미 그리고 사회문화적 배경을 고려한 행간의 숨은 의미까지 분석하고 종합해 그 뜻을 헤아리는 방법입니다.

둘째, 감성으로 묵상하는 방법입니다.

이것은 문자적, 문맥적 뜻을 헤아리는 것보다 그 말씀 속에 말씀하시는 하나님의 마음(patos)을 알아차리고 그 마음에 반응하는 자신의 감정을 헤아려 보는 방법입니다.

셋째, 상상으로 묵상하는 방법입니다.

이 방법은 주로 복음서를 묵상하는 방법으로 쓰이는데 복음서에 나타난 사건들을 상상을 통해 구체적으로 그려보고, 자신도 그 사건 속에 있는 것처럼 상상하면서 이성과 감성을 극대화해 그 일들을 체험해 보는 방법입니다.

넷째, 직관으로 묵상하는 방법입니다.

이것은 오히려 말씀을 분석하고 이해하려는 우리 안의 열망을 내려놓고 말씀으로 다가오시는 주님을 아멘으로 맞이해 그 고요함 가운데 머물러 있는 방법입니다. 마치 젖을 뗀 아이가 엄마 품에 안김(시 131:2) 같이 말입니다.

이상의 네 가지 묵상의 방법은 상호 보완적이면서 또 자연발생적입니다. 어느 방법 하나가 옳다고 이야기할 수 없는, 깊은 묵상을 하는 사람들이 자연스럽게 겪게 되는 현상이라고 할 수 있습니다.

복음서 묵상기도는 상상이라는 도구를 가지고 행하는 묵상기도입니다. 물론 경우에 따라 우리는 이성과 감성 그리고 직관도 자연스럽게 사용하게 되지만 묵상의 시작과 도구는 상상이라는 기능입니다.

상상이라는 도구를 가지고 묵상을 한다고 하면 '그것은 자기 생각 속에 빠져 버리는 것 아닌가?'

이런 의구심을 갖는 사람들도 있습니다. 십분 이해가 갑니다. 우리의 상상이라는 것은 변화무쌍하고 자의적인 면이 있으니 상상 속에 경험된 것에 대한 신뢰도가 그만큼 떨어지니까요.

그런데 그것은 인간이 가진 다른 수단들도 갖고 있는 동일한 문제가 아닐까요?

리처드 포스터(Richard J. Foster)는 그의 글 『묵상기도』에서 다음과 같이 이야기합니다.

> 상상은 신뢰할 만하지 못하고, 잘못하면 악한 영에게 이용당하기도 한다는 이유로 상상의 활용을 반대하는 사람들이 있으며 상상을 기도에 적극적으로 사용하기를 주저하기도 한다. 상상력 역시 인간의 다른 모든 기능과 마찬가지로 타락 이후 훼손되었으므로 그러한 염려는 충분히 타당하다. 그러나 하나님이 우리의 이성을 취하셔서 그것을 성화시켜 사용하신다고 믿는 것처럼, 하나님은 상상력 또한 성화시키셔서 그것을 선한 목적에 사용하실 수 있다. 물론 사탄이 상상력을 왜곡할 수 있으나, 그것은 우리의 모든 기능에도 마찬가지로 해당되는 것이다. 하나님은 우리를 상상력을 지닌 존재로 창조하셨고, 그분은 피조물의 주인으로서 상상력을 구속하시고 그것을 하나님 나라의 일을 위해 사용하신다.[1]

여러모로 일리가 있는 말입니다. 그러나 오해하지 말 것은 우리가 상상하는 모든 내용을 다 신뢰하는 것이 아니라는 것입니다. 다만 우

---

[1] 리처드 포스터, 『묵상기도』, 김명희 역, 서울: IVP, 2011. 78.

리에게 하나님이 주신 상상력이 예수님과 더욱 친밀하고 직접적인 관계 맺음으로 나아가는 데 사용될 수 있음을 발견하고 적극적으로 사용하려는 것뿐입니다. 우리가 하나님의 말씀을 하나님이 주신 인간의 능력 즉 이성과 감성 그리고 다른 오감을 통해 이해하고 깨닫기 원하는 것처럼, 하나님이 주신 상상을 통해 그 말씀의 진의에 더 가까이 다가가고 그 과정에서 무의식적으로 비치는 자신의 모습을 발견하는 것은 의미가 있는 일입니다.

3) 복음서 묵상기도의 현상

복음서의 사건을 상상력으로 그려 보며 그 안에 우리 자신이 들어가 말씀을 보고 듣고 냄새 맡고 느끼고 이해하는 이 모든 과정은 여러 가지 모양으로 나타납니다. 어떤 경우에는 마치 영화를 보는 것처럼 이야기가 필름 돌아가듯 막힘없이 이어지는 경험을 하는가 하면, 어떤 경우에는 한 장면 또는 한 말씀에 머물러서 좀처럼 상상이 흘러가지 않기도 합니다.

또는 말씀과 상관없이 자신이 경험한 사건이나 읽었던 책의 내용 또는 다른 곳에서 보았던 장면이 뜬금없이 나와 엉뚱한 방향으로 이야기가 흘러가기도 합니다. 그럴 때면 '내가 지금 묵상을 잘못하고 있나?'
이런 생각이 들 수도 있는데 그럴 필요는 없습니다.

상상기도에서는 우리의 모든 감각이 동시에 사용되지 않을 수 있으며, 어떤 특정한 감각만이 사용될 수도 있습니다. 그리고 상상기도는 우리 각자에게 주시는 하나님의 은혜를 따라 각자만의 고유한 방법으로 진행될 수도 있습니다. 그러므로 묵상하는 사람은 우리의 기대나 선입견으로 상상을 제한하지 말고 물 흐르듯 상상의 흐름을 따라가 보는 것이 좋습니다. 그러다 보면 결국 상상의 흐름은 다시 말씀으로 돌아오게 되고 말씀 속의 한 장면이나 특정한 말씀이 가슴에 깊은 울림으로 남게 되는 것을 경험하게 될 것입니다. 그리고 그 말씀 앞에 드러난 자기의 진짜 모습(일상에서 전혀 의식하지 못했거나 드러내 보이고 싶지 않았던 자기의 모습)을 발견하게 될 것입니다.

4) 복음서 묵상기도의 일반적 순서

첫째, 복음서의 말씀 구절을 택합니다.

복음서 이외 신구약 말씀 중 상상이 가능한 이야기식 말씀을 택할 수 있습니다.

둘째, 긴장을 풀고 하나님 앞에 머물고, 이 시점에 구하고 있는 특별한 은혜를 구합니다.

"은혜를 구하는 기도"(asking for grace)는 매우 중요합니다. 이 기도를 통해서 얻기를 원하는 은혜, 예를 들어, 예수님을 더욱 자세히 알게 되는 것, 혹은 마음속의 특정한 부분이 치유받기를 원하는 것 등의 은혜를 구합니다.

셋째, 선택한 구절을 30초 정도 사이를 두고 여러 번(3회 정도) 읽으면서 그 복음서의 이야기 속으로 자신이 잠기게 합니다.

> 리더 Tip. 그룹으로 할 때 리더가 성경 구절을 30초 간격으로 세 번 여유롭게 읽어 줍니다.

만약 주변 여건이 허락한다면 천천히 해당 구절을 큰소리로 한 번 읽습니다. 두 번째 소리를 내어 읽으면서 처음 읽었을 때 놓쳤던 세밀한 부분에 주목합니다. 세 번째 읽으면 전에 읽었을 때보다 더 상세하게 볼 수 있을 것입니다. 거의 모든 잡념이 사라지고 복음의 장면이 온전히 자신의 상상 속으로 흠뻑 젖어 들 때까지 네 번이나 다섯 번까지 읽어도 좋습니다.

넷째, 성경을 옆으로 밀어 놓고 그 장면이 떠오르게 합니다.

그 장면의 분위기, 환경, 사건의 상황, 사람들의 모습과 표정들이 떠오르도록 합니다. 그 장면이 떠오르도록 마음을 모아서 머무는 것 외에 그것을 진전시키기 위해 아무 것도 하지 않기 바랍니다. 그 장면 속에 들어감으로써 여러분은 자기 자신을 그 장면 속에서 잃어버릴 것이고 그 상황과 일치하는 경험을 할 것입니다.

다섯째, 지금 보이는 장면 속에 나 자신이 들어가게 합니다.

떠오른 장면 속에 들어가 사람들을 관찰하십시오. 일어나고 있는 사건들을 바라보고, 사람들의 대화를 들어 봅니다. 나 스스로가 그 장면의 한 사람이 되어 같이 대화하고 행동해 봅니다. 어떤 경우에는 나 자신이 이야기의 주인공의 자리에서 주님과 대화하고 있는 것을 발견할 수 있을 것입니다. 어떤 경우에는 나 자신이 그 장면을 지켜보면서 그 상황에 반응하고 참여할 수 있을 것입니다. 어떤 형태이든 좋습니다. 이끌려지는 대로 그 장면에 참여하면 됩니다.

여섯째, 교훈을 얻으려고 하거나 내 상황에 맞추려고 억지로 노력하지 않습니다.

다만 나 자신이 그 장면에 녹아 들어가 나의 전 존재가 영향 받도록 합니다. 이야기 속에서 어떤 교훈이나 나 자신의 상황에 대한 적용을 인위적으로 이끌어 내려고 하지 마십시오. 그 장면에 자신을 몰두시켜야 자신 전체가 온통 그 내용에 사로잡히고 감화됩니다.

일곱째, 묵상기도를 끝내고 난 후 몇 분 동안 기도 안에서 어떤 일이 일어났는지 돌아보고 그것을 기록해 봅니다.
아래의 질문들을 가지고 기도를 돌아보고 분별해 보는 시간을 갖겠습니다.

① 기도의 전체적인 진행은 어떠했는가? 어떤 어려움이 있었는가?
② 나는 기도 안에서 어떤 인물이었는가?
③ 나는 어떻게 다른 인물들과 관계를 맺었는가?
④ 나는 예수님과 어떻게 관계를 맺고 있었는가?
⑤ 가장 기억에 남는 장면은 무엇인가?
⑥ 가장 강력하게 일어나는 감정은 무엇이었는가?
⑦ 기도 안에서 얻게 된 중요한 깨달음은 무엇인가?
⑧ 이 기도는 현재 나와 예수님, 나 자신, 또 이웃과의 관계에 대해서 무엇을 말해주고 있는가?
⑨ 다음에 반복해서 기도해 볼만한 부분은 무엇인가?

본문을 한 번에 끝내지 않고 여러 번 반복할 수 있습니다. 반복할수록 내용이 분명해지고 전혀 다르고 예상하지 못했던 깨달음을 경험할 것입니다.

5. 복음서 묵상기도 실습

• **본문: 마가복음 4장 35-41절**
 (폭풍을 잠잠케 하시는 예수님)

> 35 그 날 저물 때에 제자들에게 이르시되 우리가 저편으로 건너가자 하시니
>
> 36 그들이 무리를 떠나 예수를 배에 계신 그대로 모시고 가매 다른 배들도 함께 하더니
>
> 37 큰 광풍이 일어나며 물결이 배에 부딪쳐 들어와 배에 가득하게 되었더라
>
> 38 예수께서는 고물에서 베개를 베고 주무시더니 제자들이 깨우며 이르되 선생님이여 우리가 죽게 된 것을 돌보지 아니하시나이까 하니
>
> 39 예수께서 깨어 바람을 꾸짖으시며 바다더러 이르시되 잠잠하라 고요하라 하시니 바람이 그치고 아주 잔잔하여지더라
>
> 40 이에 제자들에게 이르시되 어찌하여 이렇게 무서워하느냐 너희가 어찌 믿음이 없느냐 하시니
>
> 41 그들이 심히 두려워하여 서로 말하되 그가 누구이기에 바람과 바다도 순종하는가 하였더라

첫째, 주님의 임재 앞에 집중하고 머무르십시오. 이 기도를 통해 얻고자 하는 은혜가 있다면 그 은혜를 구하십시오.

둘째, 오늘 본문을 리더가 큰 소리로 30초 간격을 두고 세 번 읽어 드립니다. 반복적으로 듣고 읽으면서 이야기의 구체적인 상황이 상상 안에 포함되도록 하십시오.

셋째, 이야기의 구체적인 상황들(사람, 사건, 분위기 등)을 상상 안에서 떠올려 보십시오.

제자들이 타고 있는 배는 어떤 모습입니까?
풍랑은 얼마나 거세고 위협적입니까?
바람과 배 안으로 쳐 들어오는 바닷물을 느껴보십시오.
풍랑 가운데 제자들의 모습, 행동은 무엇입니까?
그들의 말과 행동들을 바라보십시오.

넷째, 그리고 이야기가 진행되도록 하십시오. 억지로 진행하려 하지 마시고 자연스럽게 흘러가도록 기다리십시오. 여러분은 이야기 안에 들어가 어떤 인물이 되어볼 수 있습니다. 그 인물로서 이 이야기에 참여해 보십시오. 앞으로 20분 정도의 시간 동안 기도하고 마무리하시면 됩니다.

다섯째, 기도를 마쳤으면 아래의 리뷰를 작성해 주십시오.

6. 리뷰

1) 복음서 묵상기도의 전체적인 진행은 어떠했는가?
   어떤 어려움이 있었는가?

___

2) 나는 어떤 인물로 어떠한 모습으로 기도에 참여했는가?

___

3) 가장 기억이 남는 장면은 무엇인가?
   가장 강하게 일어난 감정(좋은 감정이든 나쁜 감정이든)은 무엇이 있는가?

___

4) 기도 안에서 얻게 된 중요한 깨달음은 무엇인가?

5) 이 기도는 나와 예수님의 관계에 대해서 무엇을 말해 주고 있는가?

_____
_____
_____

6) 다음에 반복해서 기도해 볼 만한 부분은 어디라고 생각하는가?

_____
_____
_____

7. 소그룹 나눔

작성하신 리뷰를 바탕으로 소그룹에서 서로 나눕니다.

8. 과제

마태복음 26장 6-13절로 복음서 묵상기도를 하고 리뷰를 적어 봅니다.

성찰일기 1

　월　일

성찰일기 2
　월　일

성찰일기 3

　월　　일

성찰일기 4

월   일

성찰일기 5

월   일

제5장

네 번째 만남: 말씀에서 샘솟는 기도
(Lectio Divina)

1. 찬양

〈주 은혜임을〉 (작사: 전성경, 작곡: 소진영)

1절
주 나의 모습 보네 상한 나의 맘 보시네
주 나의 눈물 아네 홀로 울던 맘 아시네
2절
주 사랑 내게 있네 그 사랑이 날 채우네
주 은혜 내게 있네 그 은혜로 날 세우네
후렴
세상 소망 다 사라져 가도 주의 사랑은 끝이 없으니
살아가는 이 모든 순간이 주 은혜임을 나는 믿네

2. 숨고르기

너희는 가만히 있어 내가 하나님 됨을 알지어다
(Be Still and Know that I am God).
너희는 가만히 있어 알라(Be Still and Know).
너희는 가만히 있으라(Be Still).
너희는 있으라(Be).

3. 과제 나눔

> 리더 Tip. 지난주 과제였던 복음서 묵상기도에서 받은 은혜를 간단히 나누도록 인도합니다.

4. 강의

1) 말씀에서 샘솟는 기도(Lectio Divina)란 무엇인가?[1]

묵상과 기도는 항상 같이 있어야 건강합니다. 말씀 없는 기도는 자

---

[1] 말씀에서 샘솟는 기도라는 명칭은 엔조 비앙키(Enzo Bianchi)가 자신의 책,『말씀에서 샘솟는 기도』(Pregare la parola)에서 거룩한 독서(Lectio Divina, 렉시오 디비나)를 새롭게 지어 부른 이름입니다. 엔조 비앙키,『말씀에서 샘솟는 기도』 이연학 역 (서울: 분도출판사, 2011).

신 안에 있는 그릇된 욕망을 분별할 수 없게 되고, 기도 없는 묵상은 말씀이 심령에 깊이 뿌리 내리지 못하게 하기 때문입니다. 그래서 믿음의 선조들은 묵상과 기도를 별개의 영성 훈련으로 삼지 않았습니다. 묵상 후에는 기도가 이어지고 기도는 가급적 말씀 안에서 행하려 힘썼습니다. 말씀에서 샘솟는 기도는 묵상과 기도가 어우러진 대표적인 영성 훈련입니다.

그럼 본격적으로 말씀에서 샘솟는 기도에 대해 알아볼까요?

먼저 묵상과 기도는 인위적인 것이 아니라 본능적이고 자연적인 것이라는 이야기부터 하겠습니다. 지적 장애인들의 공동체 라쉬공동체(l'Arche Community)를 설립한 장 바니에(Jean Vanier)는 한 글에서 자신이 경험한 이야기를 진솔하게 나누었습니다. 2차 세계 대전이 끝나고 바니에는 한 고아원을 방문했는데 그 고아원의 아이들이 얼마나 훈육이 잘되었는지 소란을 피우지도, 울며 떼를 쓰지도 않더랍니다. 그리고 밤이 되니 다들 자기 침대에 누워 잠을 자는 것이었습니다. 그래서 바니에는 그 고아원 원장님께 이렇게 이야기 했습니다.

"아이들이 훈육이 잘되어서 조용하네요."

그랬더니 원장님이 이렇게 대답했다고 합니다.

"이 아이들이 조용한 것은 훈육이 잘 되어서가 아니라 자기들이 아무리 울어도 자기들을 돌봐줄 사람이 없다는 것을 알아서 더 이상 울지 않는 것입니다."

이 이야기를 듣고 바니에는 마음이 미어지는 것 같았다고 합니다. 그리고 그는 이렇게 고백했습니다.

"우리가 하나님께 기도하는 것은 하나님이 내 기도를 들어주신다는 것을 알고 믿기 때문이다."

우리가 하나님 앞에 나아가 고백하고 때로는 울며 기도하는 것은 하나님이 살아 계시고 내 기도를 들으시는 것을 본능적으로 알기 때문입니다. 하나님의 자녀들에게 묵상과 기도는 본능적이고 자연적인 것입니다. 그렇기 때문에 묵상과 기도는 인위적이지 않고 자연스럽게 흘러갈 때 그 깊이가 깊어지는 것입니다.

말씀에서 샘솟는 기도도 마찬가지입니다. 말씀을 품고 묵상하다 보면 기도가 이어지고 그 기도 안에서 말씀과 자신의 욕구가 마치 밀물과 썰물이 오가듯 마음에 차게 됩니다. 또 욕망과 번뇌로 심령이 혼돈을 겪다가도 언제 그랬냐는 듯 마음이 비워지며 평안과 안식이 찾아오기도 합니다. 눈을 감고 말씀을 품고 있으면 이런 일들이 일어납니다. 그 모든 것이 인위적인 것이 아니라 자연스럽게 진행됩니다. 이런 현상들을 구분지어 체계화한 묵상기도가 바로 말씀 속에 샘솟는 기도입니다.[2]

---

[2] 기독교 전통에서 렉시오 디비나의 단계는 여러 가지 다른 모습으로 소개되었습니다. 위고(Hugo)라는 사람은 독서, 묵상, 기도, 실천, 관조라는 5단계로 소개를 했고, 보나벤투라(Bonaventura)는 독서와 묵상을 동시에 이루어지는 것으로 보고 묵상, 기도, 관조라는 세 단계로 소개했습니다. 귀고 1세(Guigo de Castro)는 렉시오 디비나의 방법을 네 단계로 소개했는데, 그 순서가 관조, 기도, 묵상, 독서였습니다. 오늘날 정착된 네 단계의 방법인 독서, 묵상, 기도, 관조는 귀고 2세(Guigo II)가 그의 책, 『수도승의 사다리』(The Ladder of Monks)에서 소개한 방법입니다. 여기서 한 가지 주의할 것이 있습니다. 귀고 2세는 이 단계를 상승적 개념, 즉 독서라는 낮은 영적 단계에서 점점 올라가 관조라는 높은 영적 단계로 이르는 것처럼 소개했는데 이것은 중세의 교회가 가지고 있던 위계적이고 계층적인 세계관의 표현으로 보입니다. 그러나 개혁신앙의 입장에서 보면 이런 상승적 개념은 받아들이기 어렵습니다. 각 단계는 그냥 묵상하는 사람이 말씀을 대하면서 겪는 일반적인 현상이라 보는 것이 옳습니다. 그리고 이런 현상은 순서와 상관없이 묵상 가운데 나타납니다.

말씀에서 샘솟는 기도의 본래 이름은 "렉시오 디비나"(Lectio Divina)입니다. 라틴어 "독서"(Lectio)와 "신적인"(divina)의 합성어로 "거룩한 독서", 혹은 "성독"(聖讀) 등으로 번역됩니다. 이 묵상기도는 성경 말씀을 통해 하나님을 마음 깊이 경험하고 그의 현존 안에 머물게 하는 영성 훈련 방법입니다. 말씀에서 샘솟는 기도는 신앙의 선배들이 하나님과의 사귐을 목적으로 사용한 탁월한 묵상기도 방법 중의 하나로, 전통에 따라 조금 순서와 단계는 다르지만 보통 다음과 같은 네 단계로 소개되었습니다.

2) 말씀에서 샘솟는 기도의 단계

(1) 첫째 단계: 읽기(Lectio)

개인적으로 할 때는 정해진 성경 말씀을 천천히 소리 내어 반복해서 읽습니다. 그리고 그룹이 함께 할 때에는 리더가 30초 정도의 간격을 두고 세 번 큰소리로 읽습니다. 말씀을 읽다가 한 문장, 구절, 혹은 단어가 마음에 다가옴을 느끼면 거기에 멈춰서 그 말씀에 머무릅니다. 그리고 그 말씀을 주의 깊게 반복해서 읽고 또 읽으며 가슴에 새깁니다.

(2) 둘째 단계: 묵상하기(Meditatio)

그 말씀이 왜 내 마음에 다가왔는지, 그 말씀은 내게 무엇을 말하고 있는지를 우리의 마음과 이성과 감정, 즉 우리의 전 인격을 동원해 묵상합니다. 이때 머리로 말씀을 분석하는 데 초점을 두기보다, 마음으로 말씀을 맛보고 그 음미한 말씀이 마음을 적시고 움직이도록, 그 말씀이 나 자신의 일부가 되도록 합니다.

(3) 셋째 단계: 기도하기(Oratio)

묵상을 통해 음미한 말씀으로부터 우러나오는 갈망과 느낌, 깨달음과 결심 등을 주님께 올려 드립니다. 여기서 중요한 점은 자연스러움 입니다. 인위적으로 기도를 만들지 말고 또 습관적이고 반복적인 기도를 하는 것이 아니라 마음에서 우러나는 기도를 마치 사랑하는 이에게 고백하듯 올려 드립니다.

(4) 넷째 단계: 바라보며 머무르기(Contemplatio)

관조는 말씀을 통해서 우리를 찾아오신 하나님의 현존 앞에 머무르는 단계입니다. 마음속에 있는 갈망을 주님께 올려 드리다 보면 기도가 자연스럽게 멈춰지고 우리 영혼은 침묵으로 들어가게 됩니다. 우리 심령이 만족함을 느끼기 때문입니다. 하나님이 나의 기도를 들으셨다는 확신은 만족감을 주고 우리 영혼은 자연스럽게 침잠하게 되는 것입니다. 그러면 여러분은 그냥 침묵 속에서 주님을 응시합니다. 그분이 일하시도록 마음을 열고, 그분의 사랑의 품에서 안식합니다.

3) 기도 훈련 시 주의사항

첫째, 이 4가지 단계가 묵상기도 안에서 꼭 순차적으로 일어나야 하는 것은 아닙니다.

순서대로 진행되지 않고 역순 또는 순서 없이 묵상이 진행될 수도 있습니다. 또한 꼭 모든 단계가 하나의 묵상기도 안에 있어야 하는 것도 아닙니다. 어떤 때는 묵상의 단계에서 끝날 수도 있고 또 묵상을 원하지만 기도하기나 머무르기로 바로 넘어 갈 수도 있습니다. 그래서 기도 단계에 지나치게 얽매이면 기도의 흐름에 방해될 수 있다고 말씀 드리고 싶습니다.

중요한 것은 성령님의 인도하심 안에서 기도가 흘러가도록 하는 것입니다. 하지만 여러분은 이 묵상기도에 익숙하지 않은 초보자이니 어느 정도 묵상의 맛을 알고 익숙해질 때까지 순서를 애써 지키는 것이 더 유익할 것입니다.

둘째, 말씀에서 샘솟는 기도는 머리보다는 마음으로 기도하는 데 초점이 맞추어져 있습니다.

그러면서도 기도할 때 생각의 기능도 조금 참여하게 하기 때문에 분심(分心, distraction, 집중을 방해하는 모든 것)이 드는 것을 막아 줍니다. 하지만 이 묵상기도를 훈련할 때 생각하고 반성하는 기도에만 머무르지 않게 하고, 사랑을 담아 바치는 기도로 나아가도록 부드럽게 이끄는 것이 중요합니다.

셋째, 말씀에서 샘솟는 기도를 훈련할 때 진정한 자기 자신으로서 말씀을 대하고 말씀에 응답하는 것이 중요합니다.

다시 말해 이 묵상기도는 말씀에서 말하는 핵심이나 정답을 찾아내서 나 자신의 삶을 평가한 후 나의 삶을 바꾸기로 하는 섣부른 결단에 이르게 하는 기도가 아닙니다. 오히려 이러한 진정성이 없는 (inauthentic) 묵상기도는 하나님과 우리의 관계를 피상적으로 만들고 나아가 믿음의 성장도 방해합니다. 우리는 하나님의 말씀 앞에 있는 그대로의 모습으로 서야 합니다. 이때 말씀에 대한 우리의 반응은 꼭 돌이킴이나 감동 그리고 눈물과 같은 긍정적인 측면 뿐 아니라, 저항과 불신 그리고 절망 등의 부정적인 반응을 포함합니다. 부정적인 반응이 우리 안에 일어난다 해도 정직하고 있는 그대로의 모습으로 주님께 나아갈 때 이 묵상기도를 통해 진정한 믿음의 성장이 일어나게 됩니다.

5. 말씀에서 샘솟는 기도 실습

• 본문 : 시편 139편 1-10절

1 여호와여 주께서 나를 살펴 보셨으므로 나를 아시나이다

2 주께서 내가 앉고 일어섬을 아시고 멀리서도 나의 생각을 밝히 아시오며

3 나의 모든 길과 내가 눕는 것을 살펴 보셨으므로 나의 모든 행위를 익히 아시오니

4 여호와여 내 혀의 말을 알지 못하시는 것이 하나도 없으시니이다

5 주께서 나의 앞뒤를 둘러싸시고 내게 안수하셨나이다

6 이 지식이 내게 너무 기이하니 높아서 내가 능히 미치지 못하나이다

7 내가 주의 영을 떠나 어디로 가며 주의 앞에서 어디로 피하리이까

8 내가 하늘에 올라갈지라도 거기 계시며 스올에 내 자리를 펼지라도 거기 계시니이다

9 내가 새벽 날개를 치며 바다 끝에 가서 거주할지라도
10 거기서도 주의 손이 나를 인도하시며 주의 오른손이 나를 붙드시리이다

1) 말씀 앞에 집중하고 머무르기

묵상기도를 하기 앞서 성령님의 인도하심을 마음속으로 간구합시다.
"주님 말씀 하소서 주의 종이 듣겠나이다.
성령 하나님 종의 마음의 묵상과 기도를 도우시고 이끄소서!"

2) 읽기(Lectio, 5분)

오늘 본문을 리더가 큰 소리로 30초 간격을 두고 세 번 읽어 드립니다. 귀 기울여 들으면서 어떤 문장, 구절, 혹은 단어가 마음에 다가옴을 느끼면 거기에 멈춰서 그 말씀에 머무르고 마음에 깊이 새깁니다.

3) 묵상하기(Meditatio, 5-10분)

마음에 다가온 그 말씀을 붙들고 반복적으로 곱씹어 봅니다. 그리고 그 말씀이 왜 내 마음에 다가왔는지, 그 말씀은 내게 무엇을 말하고 있는지를 묵상합니다.

4) 기도하기(Oratio, 5분)

말씀으로부터 우러나오는 갈망과 느낌, 깨달음과 결심 등을 주님께 대화하듯 올려 드립니다.

5) 바라보며 머무르기(Contemplatio, 5-10분)

생각과 갈망 등 마음에서 올라온 모든 것을 내려놓고 하나님의 임재 안에 침묵하며 머무릅시다.

6) 리뷰

아래의 용지에 묵상기도의 내용을 적어 봅시다.

6. 리뷰

1) 말씀에서 가장 마음에 와닿은 구절이나 단어는 무엇인가?

_____
_____
_____
_____

2) 이 말씀을 하나님이 나에게 주신 이유나 의미는 무엇이라고 생각하는가?

_____
_____
_____

3) 기도 안에서 강하게 일어난 느낌들(feelings)이 있다면 무엇인가? 그 의미는 무엇이라고 생각하는가?

_____
_____
_____

4) 하나님과의 관계에 있어서 새롭게 깨닫게 된 것이 있다면 무엇인가? (하나님의 마음, 나의 반응)

_____
_____
_____

5) 하나님께 구하고 싶은 나의 열망과 소원은 무엇인가?

_____
_____
_____

7. 소그룹 나눔

작성한 리뷰를 바탕으로 소그룹에서 서로 나눕니다.

8. 과제

주일 설교 본문을 이용해 말씀에서 샘솟는 기도를 1회 실습하고 리뷰를 적어 봅니다.

성찰일기 1
월 일

성찰일기 2
　월　　일

성찰일기 3
월   일

성찰일기 4

월   일

성찰일기 5
월   일

제6장

다섯 번째 만남: 말씀반추
(Theological Reflection)

1. 찬양

〈은혜로다〉 (작사/작곡: 심형진)

시작됐네 우리 주님의 능력이 나의 삶을 다스리고 새롭게 하네
자유하네 죄와 사망으로부터 나의 삶은 변하고 난 충만하네
은혜로다 주의 은혜 한량없는 주의 은혜
은혜로다 주의 은혜 변함없는 신실하신 주의 은혜

2. 숨고르기

너희는 가만히 있어 내가 하나님 됨을 알지어다
(Be Still and Know that I am God).

너희는 가만히 있어 알라(Be Still and Know).

너희는 가만히 있으라(Be Still).

너희는 있으라(Be).

3. 과제 나눔

> 리더 Tip. 지난주 과제였던 말씀에서 샘솟는 기도에서 받은 은혜를 간단히 나누도록 인도합니다.

4. 강의

1) 말씀반추란 무엇인가?

동물들은 할 수 없고 사람만이 할 수 있는 하나님이 주신 능력들이 있습니다. 그 중에서 대표적인 능력은 메타인지(Metacognition)입니다. 메타인지는 자신의 인지 과정을 한 차원 높은 시각에서 관찰하고 통제하는 정신 작용을 말합니다. 쉽게 말하면 '자신의 생각을 생각하는 능력'입니다. 더 쉽게 이야기한다면 소크라테스의 "너 자신을 알라"

라는 명언처럼 자기 자신을 반추할 수 있는 능력입니다. 우리는 이 메타인지를 통해 자신을 더 깊이 알고 더 나은 자신을 꿈꾸고 또 설계해 나갈 수 있는 것입니다.

그러나 자신을 안다는 것, 자신을 반추한다는 것은 그리 쉬운 일은 아닙니다. 삶이 분주해 자신을 사유할 시간이나 여력이 없기도 하지만, 자신을 비춰 보는 거울이 온전하지 않기 때문에 반추를 어려워합니다. 일그러진 거울은 사물을 바르게 비추지 않기 때문입니다.

유동하는 세계관과 사상들을 거울삼아 자기 자신을 바로 반추할 수 있을까요?

그럴 수 없습니다. 세계관과 사상은 온전하지도 못할뿐더러 언젠가는 변하고 말기 때문입니다.

그럼 이 세상에서 우리 자신을 바로 비출 수 있는 거짓 없는 거울은 무엇이 있을까요?

자신을 바로 비춰 볼 수 있는 유일한 거울은 바로 변함없이 무오한 하나님 말씀입니다. 그 말씀을 거울삼아 자신을 바라본다면 우리는 우리 자신을 바로 볼 수 있게 되는 것입니다.

말씀반추는 자기 자신과 개인의 체험을 말씀이라는 틀을 통해 관찰하고 해석하는 과정입니다. 개인의 체험 안에는 대부분의 사람은 인식하지 못하고 지나치는 하나님의 섭리와 목적 그리고 메시지가 담겨 있습니다. 그러므로 체험에 대해 돌이켜 본다는 것은 그 가운데 일하시는 하나님을 발견하는 동시에 그것에 대한 자기 자신의 반응을 성찰한다는 이야기입니다. 나아가 말씀반추는 개인의 체험에 대한 해석을 자기 자신의 세계관 내지는 편견에 맡기지 않고 말씀과 대화하게 함으로 새로운 통찰(더 나은 자신에 대한 꿈)을 얻게 하는 과정이라고 할 수 있습니다.

2) 통찰을 향한 움직임: 인간의 지혜에 이르는 과정

모든 인간은 행동 변화의 동기가 되는 어떠한 깨달음 내지는 지혜를 얻는 일정한 과정을 겪습니다. 이 과정을 "통찰을 향한 움직임"(Movement toward Insight)이라고 합니다. 그럼 인간이 지혜에 이르는 과정인 통찰을 향한 움직임을 살펴봅시다.

모든 인간에게는 의미를 찾으려는 욕구가 있습니다. 삶에서 경험되는 일들 안에서 의미를 찾고자 하는 욕구는 생존욕구 못지않게 강하게 작용합니다. 경험된 일에 의미를 찾지 못할 때는 혼돈과 공허함이 있고 의미를 찾은 후에라야 그 경험을 인정하고 안정감을 찾게 되기 때문입니다. 그래서 이 욕구를 충족시키기 위해 인간은 자연스럽게 경험에 대한 의미를 찾습니다.

의미를 찾는 이 과정은 자신이 의식하지 못하는 일정한 패턴을 가지고 있습니다. 그 패턴은 경험 ⇒ 감정 ⇒ 이미지 ⇒ 통찰 ⇒ 행위로 이어집니다. 이 패턴은 아래와 같이 꼬리에 꼬리를 뭅니다.

우리가 우리의 경험으로 들어갈 때, 우리는 감정과 마주하게 됩니다.

우리가 그러한 감정에 주의를 기울일 때, 어떤 이미지가 떠오릅니다.

그 이미지들을 성찰하고 의문을 품을 때 통찰이 번뜩입니다.

우리가 기꺼이 준비되었을 때 통찰은 우리를 행위로 이끕니다.

3) 반추의 세 가지 관점

(1) 확실성의 관점
확실성의 관점은 기독교 전통에 사로잡혀 있는 관점입니다. 자신의 의견이나 확신보다도 기독교 전통이 반추를 주도합니다. 그래서 기독교 전통의 해석적 틀 속에 반추의 전 과정을 끼워 맞춥니다. 그래서 말씀을 대하는 자신의 진솔한 모습은 온대간데 없고 정형화된 말씀이 자신을 억눌러 버립니다. 결국 이런 반추는 자신은 없고 정형화된 기독교 전통만 재확인하는 결과를 낳습니다. 예를 들어 보면 다음과 같습니다.

> 아, 사역이 너무 힘들다!
> 감당 못할 쇠막대기가 날 짓누르는 것 같다.
> 그런데 말씀은 인내하고 견디라 하셨지.
> 그래 달리 방법이 없다. 그냥 견디자.

(2) 자기 확신의 관점
확실성의 관점과 대척점에 서있는 것은 자기 확신의 관점입니다. 자기 확신의 관점은 확실성의 관점과 달리 자기 확신이 반추를 주도합니다. 판단의 기준이 자기 확신이기 때문에 기독교 전통은 자기 확신을 강화하는 것 이상의 기능은 하지 않습니다. 이러한 반추는 영적 성숙을 가져다줄 수 없을 뿐만 아니라 자기의 관점만 더욱 고착시킴으로 영적 경직만 더할 뿐입니다.

아, 사역이 너무 힘들다!
감당 못할 쇠막대기가 날 짓누르는 것 같다.
예수 믿는 것은 자유하기 위해서 아닌가?
주님은 날 사랑하시니 내가 쇠막대기를 지고 가는 것을 원치 않으실 것이 분명해. 이제 그만 내려놓자.

(3) 탐구의 관점

올바른 반추는 탐구의 관점에서 이루어집니다. 탐구의 관점은 자신의 경험에서 비롯된 감정과 욕구 그리고 이미지 등을 면밀히 돌아보면서 동시에 기독교 전통의 이야기에 신중히 귀를 기울입니다. 다시 말해 탐구의 관점에서 이루어지는 반추는 경험에서 드러난 자신과 기독교 전통과의 애정 어린 대화의 자리라고 할 수 있습니다. 탐구의 관점에서는 기독교 전통의 강압도 개인의 확신의 강화도 있을 수가 없습니다. 다만 행동과 인식 변화를 향한 새로운 통찰을 향해 열려 있는 자세를 가질 뿐입니다.

아, 사역이 너무 힘들다!
감당 못할 쇠막대기가 날 짓누르는 것 같다. 이 쇠막대기라는 이미지는 주님의 말씀을 떠오르게 한다.

"수고하고 무거운 짐 진 자들아 다 내게로 오라 내가 너희를 쉬게 하리라. 나는 마음이 온유하고 겸손하니 나의 멍에를 메고 내게 배우라 그리하면 너희 마음이 쉼을 얻으리니 이는 내 멍에는 쉽고 내 짐은 가벼움이라 하시니라"(마 11:28-30).

난 아직 이 말씀이 내 목의 긴장과 부담감에 어떤 의미를 주는지 확실히 알 수 없다. 하지만 난 사역할 때마다 이 말씀을 떠올릴 것이다. 예수님의 약속이니 내게 사역을 통해 더 깊은 내적 자유를 가져다줄 것이다.

4) 말씀반추를 하는 방법

말씀반추는 두 가지 방법으로 할 수 있습니다. 하나는 삶에서 벌어진 일들을 시작점으로 해 자신을 들여다보다가 말씀으로 나아가는 방법이 있고, 다른 하나는 말씀에서 시작해 자신을 보고 삶의 정황과 씨름하는 방법이 있습니다. 그럼 이 두 가지 방법을 조금 더 자세히 알아보겠습니다.

(1) 삶의 정황에서 말씀으로 나아가기

① **최근에 겪은 또는 사회적으로 이슈가 된 사건을 선택해 말해 봅니다.**
이때 사건을 최대한 객관화해 선입견이나 판단 또는 감정을 싣지 않고 누가 언제 어디서 무엇을 어떻게 의 질문을 따라 정리해 적어 봅니다.

② **사건에 대한 이야기를 듣고 마음에서 올라오는 감정들을 정리해 봅니다.**
마음에서 올라오는 감정들은 그 상황에서 일어나는 문제의 핵심을

포착하게 합니다. 처음에는 마음에 올라오는 모든 감정을 슬픔, 분노, 노여움, 기쁨, 허탈함 같은 단어로 하나씩 적어 보고, 이 감정들 중 사건을 대하는 자신의 마음을 대변할 수 있는 핵심 감정을 하나 선정합니다.

③ 선정된 핵심 감정을 다시 가슴에 품고 느껴 봅니다.
그리고 이 감정을 대변할 이미지를 떠올려 봅니다. 감정을 품고 있다 보면 돌멩이, 파란 하늘, 쇠막대기 등의 이미지들이 자연스럽게 떠오를 것입니다. 이 이미지들은 그냥 어떤 색깔로 나타나기도 하고 도형이 될 수도 있고 움직이는 영상 같은 것일 수도 있습니다. 떠오른 이미지들을 그림으로 그려 봅시다.

④ 다시 이미지로 돌아가서 그 이미지를 차근차근 들여다보며 자신의 모습을 발견합니다.
그리고 그런 자신에게 하나님이 하시는 말씀은 무엇인지 귀를 기울여 봅시다. 이때 말씀은 성경의 한 장면일 수도 있고 전에 들었던 말씀일 수도 있습니다.

⑤ 떠오른 말씀을 곱씹어 봅니다.
그리고 그 말씀 앞에 담담하게 자신을 세워 봅니다. 말씀에 대한 자신의 반응을 살펴봅니다.

(2) 말씀에서 삶의 정황으로 나아가기

① 선택한 성경 말씀을 읽습니다.

이야기 속의 언어를 살피고, 사람들 사이에 무엇이 교류되는가를 관찰하십시오. 그리고 말씀의 중요한 요점이 무엇인지 발견해 냅니다. 말씀을 대할 때 기존에 알고 있는 상식과 이해를 접어 두고 처음 보는 말씀인 것처럼 신선한 눈으로 말씀을 낯설게 느끼는 것이 중요합니다.

② 말씀을 읽으면서 마음으로 느껴지는 감정은 무엇인지 살펴봅니다.

이때 감정을 잘 헤아려야 합니다. 자기의 생각이나 입장이 아니라 감정을 헤아리는 것임을 명심하기 바랍니다. 그 감정들을 나열해 보고 그중 가장 크게 다가오는 감정(중심 감정)을 찾아냅니다.

③ 말씀 안에 담겨 있는 중요 요점과 자신이 느낀 중심 감정을 마음에 품고 어떤 이미지가 떠오를 때까지 그 상태에 머무르기 바랍니다.

④ 떠오른 이미지가 자기 삶의 상황 속으로 이끌어 가게 합니다.

그 이미지가 당신이 경험한 어떤 사건을 불러일으킨다면 그 사건을 선택해 탐색합니다. 그 상황에서 자신이 무엇을 생각하고 느꼈는지 그리고 그 이미지가 자신의 상황에 무엇이라고 말하는지 귀기울여 봅니다.

⑤ 삶의 경험을 탐색하는 것에서부터 본문의 원래 문장으로 돌아갑니다.

이전에 보지 못하던 어떤 것을 말씀에서 찾아보고 말씀의 메시지가 어떻게 다르게 들리는지 돌아봅니다.

⑥ 이 반추에서부터 일상의 삶으로 나아갈 때 무엇이 당신과 함께 따라가는가?

스스로 질문해 봅니다.

5. 말씀반추 실습 1 : 삶의 정황에서 말씀으로 나아가는 반추

> 리더 Tip. 이곳에 삶의 정황에서 말씀으로 나아가는 반추와 말씀에서 삶의 정황으로 나아가는 반추 두 가지 모두를 소개합니다. 리더는 둘 중 하나를 택해 진행하면 됩니다. 삶의 정황에서 말씀으로 나아가는 반추는 삶의 정황 대신 사물이나 그림 또는 음악 등을 사용해 말씀으로 이끌 수 있습니다. 여기서는 삶의 정황 대신 사물을 사용해 보겠습니다.

1) 앞에 놓인 구겨진 종이컵을 시간을 두고 바라봅니다. 어떻게 생겼는지 묘사해 보세요.

_____
_____
_____
_____

2) 구겨진 종이컵을 보면서 마음속에 올라오는 감정을 모두 적어 보세요.

_____
_____
_____
_____

| 리더 Tip. 실습자들이 감정을 모두 이야기해 보게 하고 하나씩 적어 놓
| 습니다.

3) 적어 놓은 감정들 중 종이컵을 대하는 자신을 대변할 중심 감정을 하나 선정합니다.

_____
_____
_____
_____

| 리더 Tip. 실습자들이 눈을 감도록 하고 적어 놓은 감정을 하나씩 읽어
| 줍니다. 그리고 실습자들은 그중 한 가지 중심 감정을 마음속으로 선정
| 합니다.

4) 중심 감정을 마음에 품고 그 감정을 대변하는 이미지가 떠오를 때까지 기다립니다. 그리고 떠오른 이미지를 아래 빈 공간에 그림으로 그려 보세요.

5) 떠오른 이미지를 붙들고 면밀히 관찰합니다. 그리고 이미지가 이끄는 대로 자기 삶의 정황으로 들어갑니다.
왜 이런 이미지가 떠올랐습니까?
이 이미지와 연관된 어떤 일이 있었나요?
_____
_____
_____

6) 이제 하나님의 말씀에 귀기울여 봅니다. 지금 이 순간 하나님이 자신에게 하시는 말씀은 무엇인지 귀기울여 봅니다. 이때 말씀은 성경의 한 장면일 수도 있고 전에 들었던 말씀일 수도 있습니다.
_____
_____
_____

7) 떠오른 말씀을 곱씹어 봅니다. 그리고 그 말씀 앞에 담담하게 자신을 세워 봅니다. 말씀에 대한 자신의 반응을 살펴봅니다.
_____
_____
_____

8) 앞으로 어떻게 상황에 반응하며 살아갈 것인가 결단하며 적어 봅니다.

_____
_____
_____
_____

9) 다음의 리뷰 용지에 말씀반추의 내용을 정리해 봅니다.

_____
_____
_____
_____

6. 말씀반추 실습 2 : 말씀에서 삶의 정황으로 나아가는 반추

• 본문 : 출애굽기 2:1-10 (갈대상자)

1 레위 가족 중 한 사람이 가서 레위 여자에게 장가 들어
2 그 여자가 임신하여 아들을 낳으니 그가 잘 생긴 것을 보고 석 달 동안 그를 숨겼으나
3 더 숨길 수 없게 되매 그를 위하여 갈대 상자를 가져다가 역청과 나무 진을 칠하고 아기를 거기 담아 나일 강 가 갈대 사이에 두고
4 그의 누이가 어떻게 되는지를 알려고 멀리 섰더니
5 바로의 딸이 목욕하러 나일 강으로 내려오고 시녀들은 나일 강

가를 거닐 때에 그가 갈대 사이의 상자를 보고 시녀를 보내어 가져다가

6 열고 그 아기를 보니 아기가 우는지라 그가 그를 불쌍히 여겨 이르되 이는 히브리 사람의 아기로다

7 그의 누이가 바로의 딸에게 이르되 내가 가서 당신을 위하여 히브리 여인 중에서 유모를 불러다가 이 아기에게 젖을 먹이게 하리이까

8 바로의 딸이 그에게 이르되 가라 하매 그 소녀가 가서 그 아기의 어머니를 불러오니

9 바로의 딸이 그에게 이르되 이 아기를 데려다가 나를 위하여 젖을 먹이라 내가 그 삯을 주리라 여인이 아기를 데려다가 젖을 먹이더니

10 그 아기가 자라매 바로의 딸에게로 데려가니 그가 그의 아들이 되니라 그가 그의 이름을 모세라 하여 이르되 이는 내가 그를 물에서 건져내었음이라 하였더라

1) 말씀을 세 번 읽겠습니다. 처음은 교독해서 읽고, 두 번째는 합독해서 읽고, 세 번째는 제가 봉독해서 읽겠습니다. 제가 봉독할 때는 눈을 감고 잘 들어 보기 바랍니다.

_____

_____

_____

_____

2) 읽은 말씀을 자신의 감정이나 생각 또는 판단을 완전히 배제하고 사실만 간추려 몇 문장으로 적어 봅니다.

_____
_____
_____

3) 간추려진 사실을 보면서 마음속에 올라오는 감정을 모두 적어 보세요.

_____
_____
_____

| 리더 Tip. 실습자들이 감정을 모두 이야기 해 보게 하고 하나씩 적어 놓습니다.

4) 적어 놓은 감정들 중 말씀을 대하는 자신을 대변할 중심 감정을 하나 선정합니다.

_____
_____
_____

제6장 다섯 번째 만남: 말씀반추   97

> 리더 Tip. 실습자들이 눈을 감도록 하고 적어 놓은 감정을 하나씩 읽어 줍니다. 그리고 실습자들은 그중 한 가지 중심 감정을 마음속으로 선정합니다.

5) 중심 감정을 마음에 품고 그 감정을 대변하는 이미지가 떠오를 때까지 기다립니다. 그리고 떠오른 이미지를 아래 빈 공간에 그림으로 그려 보세요.

6) 떠오른 이미지를 붙들고 면밀히 관찰합니다. 그리고 눈을 감고 이미지가 이끄는 대로 자기 삶의 정황으로 들어갑니다. 왜 이런 이미지가 떠올랐습니까?
이 이미지와 연관된 어떤 일이 있었나요?

_____
_____
_____

7) 이제 하나님의 말씀에 귀 기울여 봅시다. 함께 읽은 본문 말씀에서 자신에게 주시는 말씀은 무엇인지 귀를 기울여 봅시다.

_____
_____
_____

> 리더 Tip. 다시 한번 본문 말씀을 읽어 주고 실습자가 눈을 감고 경청하게 합니다.

8) 마음에 다가오는 말씀을 곱씹어 봅니다. 그리고 그 말씀 앞에 담담하게 자신을 세워 봅니다. 말씀에 대한 자신의 반응을 살펴 봅니다.

_____
_____
_____

9) 앞으로 상황에 어떻게 반응하며 살아갈 것인가 결단하고 그 내용을 적어 봅니다.

_____
_____
_____
_____

10) 다음의 리뷰 용지에 말씀반추의 내용을 정리해 봅니다.

7. 리뷰

1) 내용

_____
_____
_____
_____

2) 중심 감정

_____
_____
_____
_____

3) 나의 이미지
___
___
___
___

4) 떠오른 말씀(또는 떠오른 사건)
___
___
___
___

5) 말씀에 대한 나의 반응
___
___
___
___

6) 결단
___
___
___
___

8. 소그룹 나눔

작성한 리뷰를 바탕으로 소그룹에서 서로 나눕니다.

9. 과제

삶에서 벌어진 일들 하나를 정해서 말씀반추를 해 보고 리뷰를 적어 봅니다.

성찰일기 1
월   일

성찰일기 2
　월　　일

성찰일기 3
월 일

성찰일기 4

월   일

성찰일기 5
월   일

제7장

여섯 번째 만남: 귀납적 말씀묵상
(Inductive Bible Meditation)

1. 찬양

〈예수 나의 좋은 치료자〉 (작사/작곡: 송재홍)

예수 나의 좋은 치료자 그의 눈이 머무는 곳은 나의 슬픔과 고통
고갤 들어 그의 눈을 볼 때에 난 알았네 예수 나의 좋은 치료자
예수 나의 좋은 치료자 그의 손길이 닿는 곳은 나의 상처와 아픔
영원히 흐를 것 같았던 눈물 다 멎었네 예수 나의 치료자
나 노래하리라 천한 나를 돌아보신 구세주를 찬양해
하늘 닿는 곳까지 내 손 들리라 예수 나의 치료자

2. 숨고르기

너희는 가만히 있어 내가 하나님 됨을 알지어다
(Be Still and Know that I am God).
너희는 가만히 있어 알라 (Be Still and Know).
너희는 가만히 있으라 (Be Still).
너희는 있으라 (Be).

3. 과제 나눔

> 리더 Tip. 지난주 과제였던 말씀반추에서 받은 은혜를 간단히 나누도록 인도합니다.

4. 강의

1) 귀납적 말씀묵상이란?

조선 후기에 선교사님들이 들어와 복음을 전할 때의 이야기입니다. 그 당시 미국, 캐나다, 호주 등지에서 오신 선교사님들은 주로 마을을 돌아다니며 복음을 전하고 예수 믿는 사람들이 나오면 교회를 세웠습니다. 그리고 교인들 중 믿음이 분명하고 글을 읽을 줄 아는 사람을 한 사람 선정해 "조사"라는 직분을 주어 예배와 다른 성무를 맡기고 선교사님들은 다른 마을로 복음을 전하러 떠나곤 했습니다. 한번은 경상도 어느 마을의 한 조사가 수요 예배를 드리고자 모인 교인들과 함께 성경을 읽는데, 그날 본문 말씀이 시편 23편이었습니다. 당시는 오늘과 같은 밝은 불이 없어서 호롱불 하나 희미하게 켜 놓고 말씀을 읽었는데, 어두컴컴하니 글씨가 흐릿흐릿하고 가물가물하지 않았겠습니까?

그래서 이 조사가 시편 23편 1절을 읽는데, "여호와는 나의 목 자르시니 내게 부족함이 없으리로다" 하고 읽었습니다. 그리고 이어 설교를 하는데 이렇게 전했습니다.

"하나님이 우리의 목을 자르셔도 좋지 않습니까?

그것은 순교인데 우리에게 가장 큰 영광을 주시니 부족할 것이 뭐가 있겠습니까?"

그 설교를 들은 그곳에 모인 성도들은 모두 은혜를 받고 함께 울었다는 이야기입니다.

많은 것을 생각하게 하는 일화입니다. 한국교회 선조들의 신앙을 보며 가슴이 울컥해집니다. 그런데 한편으로 이런 의문도 듭니다.

"말씀을 바로 알지 못해도 해석만 잘 하고 은혜만 받으면 되는 것인가?"

모로 가도 가기만 하면 된다는 식으로 하나님의 말씀을 바로 알지 못하고 감농과 은혜만 있으면 된다는 생각은 자칫 말씀의 왜곡을 가져올 수 있고 결국 하나님의 뜻을 그릇되게 헤아리는 우를 범할 수 있습니다.

바로 알고 바로 믿어 바른 신앙을 가져야 하지 않을까요?

귀납적 말씀묵상은 이런 관점에서 다가가는 묵상의 방법입니다. 말씀을 세밀하고 분명하게 그래서 더욱 깊게 이해하려는 묵상입니다.
묵상(默想, meditation)이란 단어의 사전적 정의는 이렇습니다.

> 마음속으로 묵묵히 기도함. 정신을 모아 잠잠히 생각함.[1]

그러나 이 정의는 묵상의 겉모습에 대한 말이지 그 속뜻을 담은 정의가 아닙니다. 영어 '메디테이션'(meditation)은 '퍼지다'라는 뜻의 라틴어, '메디켈루스'(Medikelus)라는 말에서 나온 단어입니다. 메디켈루스에서 영단어 약이란 뜻의 '메디슨'(Medicine)이란 단어가 유래 되었습니다. 그러므로 메디테이션 곧 묵상은 생각이나 주제가 사람의 속마음에 흘러 들어가 온몸에 퍼지는 것을 의미하는 것입니다.

앞서 말씀 드린 것처럼, 묵상은 이성, 감성, 상상, 직관 등을 통해 이루어집니다. 그리고 이를 기반으로 여러 가지 묵상 방법이 발달했습니다. 오늘 함께 할 귀납법적 말씀묵상은 대표적인 이성을 통한 말씀묵상 방법입니다. 이성을 이용해 말씀을 면밀히 관찰, 분석해 가장 합리적인 해석을 도출해 냅니다.

그리고 자기의 삶에 그 말씀이 어떻게 적용될 수 있을지 판단하고 결단하는 것입니다. 한국교회에서 큐티라고 부르는 가장 보편적인 묵상 방법입니다. 그래서 어쩌면 여러분에게 가장 친숙한 묵상 방법일 것입니다.

---

1 "묵상"(默想, meditation), 교회용어사전: 교회 일상, 네이버 지식백과 https://terms.naver.com/entry.nhn?docId=2375376&cid=50762&categoryId=51765

텍스트를 연구하는 두 가지 방법이 있습니다. 바로 연역적 방법과 귀납적 방법입니다.

연역적 방법은 전제를 바탕으로 결론을 도출하는 방법입니다. 그래서 전제에 이미 결론이 나 있는 셈입니다.

귀납적 방법은 개별적이고 특수한 사실들을 관찰해서 일반적인 결론을 도출해 내는 방법입니다. 즉 정해진 결론이 없이 출발한다는 이야기입니다. 성경 말씀을 연구하고 묵상할 때 중요한 요소는 말씀을 새롭게 대해야 한다는 것입니다. 이미 결론이 나 있는 말씀을 다시 답습하는 것이 아니라 삶의 정황에서 나오는 새로운 마음과 새로운 시각으로 말씀을 대할 때 묵상자의 심령에 그 말씀이 새롭게 다가오기 때문입니다. 이렇게 볼 때 귀납적 성경 연구와 묵상은 말씀을 새롭게 대할 수 있는 좋은 방법인 것입니다.

2) 귀납적 말씀묵상의 다섯 단계

(1) 기도(Prayer)

영적인 통찰력을 위해 간구합니다. 특별히 성령님의 도우심을 구합니다. 성령님은 지혜의 영이십니다. 말씀을 기록하신 분이며, 말씀을 심령에 전하시는 분이고, 말씀을 해석해 이해하게 하시는 분입니다.

(2) 읽기(Reading)

말씀을 읽습니다. 이때 어떤 선입견이나 결론을 마음에 두지 않고 마음을 새롭게 해 있는 그대로 말씀을 대합니다.

(3) 관찰(Observation)

이제 말씀을 이성을 이용해 면밀히 관찰합니다.

말씀에 단락이 나누어지는가?

말씀 중에 가장 많이 사용된 단어는 무엇인가?

말씀 안에 특이한 표현은 없는가?

이런 물음을 던지면서 말씀을 분석합니다. 평소에 발견하지 못했던 것을 밭에 심겨진 보화를 찾듯 찾아봅니다.

(4) 해석(Interpretation)

육하원칙에 따라 말씀을 정리하고, 새롭게 발견하고 깨달은 것들을 종합해서 말씀이 전하고자 하는 핵심 주제를 정리해 봅니다. 이때 말씀을 전하시는 하나님의 마음(pathos)도 헤아려 봅시다.

(5) 적용(Application)

깨달은 말씀의 의미를 자기 삶에 어떻게 적용할 수 있을지 살펴보고 결단합니다.

4. 귀납법적 말씀묵상 실습

· 본문 : 마태복음 13:44-50 (천국의 비유)

> 44 천국은 마치 밭에 감추인 보화와 같으니 사람이 이를 발견한 후 숨겨 두고 기뻐하며 돌아가서 자기의 소유를 다 팔아 그 밭을 사느니라
> 45 또 천국은 마치 좋은 진주를 구하는 장사와 같으니
> 46 극히 값진 진주 하나를 발견하매 가서 자기의 소유를 다 팔아 그 진주를 사느니라
> 47 또 천국은 마치 바다에 치고 각종 물고기를 모는 그물과 같으니
> 48 그물에 가득하매 물 가로 끌어 내고 앉아서 좋은 것은 그릇에 담고 못된 것은 내버리느니라
> 49 세상 끝에도 이러하리라 천사들이 와서 의인 중에서 악인을 갈라 내어
> 50 풀무 불에 던져 넣으리니 거기서 울며 이를 갈리라

1) 기도

"하나님 이제 주의 귀한 말씀을 대합니다.
말씀하신 이의 지혜가 우리에게 있게 하옵소서!"

2) 읽기

마태복음 13:44-50을 읽습니다.

3) 본문 관찰과 해석과 적용

(1) 관찰
① 말씀에 단락이 나누어지는가?
② 말씀 중에 가장 많이 사용된 단어는 무엇인가?
③ 말씀 안에 특이한 표현은 없는가?
④ 평소에 발견하지 못했던 새로운 표현들이 있는가?

(2) 해석
관찰한 내용들을 종합해 말씀의 본래 뜻을 적어 봅니다.
그 뜻이 자신에게 어떻게 다가오는가요?
그리고 말씀을 전하시는 주님의 마음은 어떠한가요?

_____
_____
_____
_____

(3) 적용

말씀묵상으로 깨달은 것을 자신의 삶에 어떻게 적용할지 세 가지만 적어 봅시다.

_____
_____
_____
_____

4) 기록

다음 리뷰 용지에 말씀묵상의 내용을 간추려 봅시다.

5. 리뷰

_____
_____
_____
_____
_____
_____
_____

6. 소그룹 나눔

작성한 리뷰를 바탕으로 소그룹에서 서로 나눕니다.

7. 과제

지난 주일 설교 말씀의 본문을 가지고 귀납적 말씀묵상을 하고 리뷰를 적어 본다.

성찰일기 1

　월　일

성찰일기 2
  월   일

성찰일기 3

월   일

성찰일기 4
월   일

성찰일기 5

월   일

제8장

일곱 번째 만남: 향심기도
(Centering Prayer)

1. 찬양

〈저 장미꽃 위에 이슬〉 (찰스 마일즈[C.A. Miles] 작사 · 작곡)

1절
저 장미꽃 위에 이슬 아직 맺혀 있는 그 때에
귀에 은은히 소리 들리니 주 음성 분명하다

2절
그 청아한 주의 음성 울던 새도 잠잠케 한다
내게 들리던 주의 음성이 늘 귀에 쟁쟁하다

후렴
주님 나와 동행을 하면서 나를 친구 삼으셨네
우리 서로 받은 그 기쁨을 알 사람이 없도다

2. 숨고르기

너희는 가만히 있어 내가 하나님 됨을 알지어다
(Be Still and Know that I am God).
너희는 가만히 있어 알라(Be Still and Know).
너희는 가만히 있으라(Be Still).
너희는 있으라(Be).

3. 과제 나눔

> 리더 Tip. 지난주 과제였던 귀납적 말씀묵상에서 받은 은혜를 간단히 나누도록 인도합니다.

4. 강의

1) 향심기도란 무엇인가?

하나님은 초월적이시면서 동시에 내재적이십니다.
"하나님이 초월적이시다"라는 말의 뜻은 하나님은 이 세상을 창조하신 창조주(Creator)로서 만물 위에 만물을 넘어 초월하여 계시다는 뜻입니다.

"하나님이 내재적이시다"라는 말의 뜻은 하나님은 세상이 하나님의 뜻을 따라 운행하도록 하시는 분(Sustainer)으로 만물 안에 만물과 함께하신다는 뜻입니다.

그러므로 하나님과 동행하는 삶은 만물을 초월하시는 하나님과 만물에 내주하시는 하나님을 경험하는 삶이라 할 수 있겠습니다.

우리가 기도할 때 우리 마음속에 어떤 하나님을 찾고 만나고자 하느냐에 따라 기도의 모양도 바뀌게 됩니다. 자기 삶이 힘들고 어려워서 도무지 이 땅의 것으로는 해결이 되지 않을 때 우리는 세상을 초월해 저 높은 곳에 계시는 전능하신 하나님을 찾습니다. 그때 드리는 기도의 시선은 하늘을 우러러 보는 시선이 되고, 목소리 높여 부르짖거나 소리 내어 간구하는 기도가 될 것입니다.

그러나 우리가 평강과 안식을 사모하며 내 안에 나와 함께하시는, 내주하시는 하나님을 찾고 만나기를 사모한다면 우리의 시선은 우리 심령의 깊은 곳으로 향하고 소리를 낼 것도 없이 침묵으로 하나님 품에 안기기를 바라게 될 것입니다.

향심기도(Centering Prayer)는 내주하시는 하나님, 내 안에 계신 주님을 사모하며 그 품안에 안겨 안식하고자 갈망할 때 하는 기도이자 묵상입니다. 말 그대로 우리의 지향이 안으로 향한(Centering) 기도라는 것입니다. 그래서 향심기도의 목적은 하나님과의 깊은 사귐에 있습니다. 사귐을 위해서는 만남이 있어야 하고, 서로가 곁에 있음을 의식해야 합니다. "하나님의 나라는 너희 안에 있느니라"(눅 17:21)는 예수님의 말씀과 같이 우리 안에 계신 하나님을, 침묵으로 임재하시

는 하나님을 침묵으로 응답하는 것입니다.[1]

가장 깊은 대화는 상호 정보를 교환하는 '커뮤니케이션'(communication)이 아니라, 함께 거하여 있는 '커뮤니온'(communion)입니다. 그러므로 향심기도는 내 안에 계신 하나님께 깊이 잠식하여 그분과 함께하며 깊은 사귐을 갖는 것에 목적이 있는 것입니다.

2) 향심기도의 방법

(1) 내려놓기

향심기도는 여러 기도 방법 중 가장 수동적인 기도 방법이라 할 수 있습니다. 성령하나님이 기도를 인도하시도록 자신의 모든 생각과 요구 등을 내려놓고 자신을 성령 하나님께 온전히 내어 맡기는 것이 핵심입니다. 청교도 목사 리처드 백스터(Richard Baxter)는 의식적인 자기 비움의 기도를 강조하면서 이렇게 이야기했습니다.

> 당신이 할 수 있는 한 최대한 당신의 마음을 세상으로부터 깨끗이 하세요. 사업, 걱정, 즐거움 그리고 당신의 영혼에 자리를 차지할 수 있는 모든 것에 대한 생각을 완전히 한쪽으로 치워 두세요. 당신의 마음을 당신이 할 수 있는 한 최대로 비워 하나님으로 더 많이 채워질 수 있도록 하세요.[2]

---

[1] 침묵은 자신의 의사를 표현하는 중요한 방법입니다. 어떤 경우 "사랑한다"라는 말보다 침묵하는 것이 더 큰 사랑의 의미를 전달할 때가 있고, 내가 너를 기뻐한다는 백 마디의 말보다 침묵으로 있어 주는 것이 더 깊은 의미를 전달할 때도 있습니다. 하나님은 종종 우리에게 침묵으로 말씀하시고 침묵으로 다가오십니다.

[2] Richard Baxter. *The Saints' Everlasting Rest* (New York : Doubleday & Co.1978) p.169.

(2) 하나님의 품안에서 침잠하기

향심기도의 상태를 표현하는 가장 좋은 성경 구절은 시편 131: 2 말씀입니다.

> 실로 내가 내 영혼으로 고요하고 평온하게 하기를 젖 뗀 아이가 그의 어머니 품에 있음 같게 하였나니 내 영혼이 젖 뗀 아이와 같도다 (시 131:2).

시인은 자기 영혼을 고요하고 평온하게 만들어 어머니 품에 안긴 젖 뗀 아이와 같게 하였더니 정말로 자기 영혼이 젖 뗀 아이와 같게 되었다는 말씀입니다. 어머니 품에 안긴 젖 뗀 아이를 상상해 보십시오. 세상에서 부족한 것도, 바라는 것도 없는 가장 평온한 상태가 아니겠습니까. 그 아이는 어머니 품에서 깊은 평온에 잠깁니다. 이것이 향심기도가 지향하는 영적 상태입니다.

(3) 하나님 의식하기

향심기도를 할 때 우리 쪽에서 해야 하는 것 또는 할 수 있는 것은 하나님에 대한 의식(Intention)입니다. 하나님을 쉼 없이 바라본다고 하는 표현은 사실 집중해 눈을 떼지 않는 어텐션(attention)이 아니라, 하나님이 나와 함께하시고 나는 하나님 품안에 있다고 의식하는 인텐션(Intention)입니다. 만약 책상에 볼펜이 있다면 어텐션은 볼펜에 시선을 고정하고 뚫어져라 쳐다보는 것이고, 인텐션은 볼펜이 책상에 있음을 잊지 않고 의식하고 있다는 것입니다.

우리는 분명 하나님을 어텐션해야 할 때가 있습니다. 베드로가 풍랑 치는 바다 위를 걸을 때 예수님께 눈을 떼지 않는 어텐션을 해야 했던 것처럼 말입니다. 그러나 일상에서는 하나님을 인텐션하면서 살아가야 합니다. 마치 베드로가 예수님과 먹고 마시고 함께 잠을 잘 때는 예수님과 함께 있음을 인텐션했던 것처럼 말입니다.

만일 우리가 예수님을 24시간 어텐션하며 산다면 아마 정신병원에 가야 할 처지가 될 것입니다. 하나님을 의식한다는 말은 우리가 예수님을 의식하며 살아가는 것처럼, 기도 가운데에서도 주님께 집중하는 것이 아니라 그 힘까지 빼고 이끄심에 내어 맡기며 인텐션하라는 뜻입니다.

(4) 분심 다루기

향심기도에서 기도자는 분심(distraction)을 다룰 줄 알아야 합니다. 하나님을 의식하는 것이 그리 쉽지는 않을 것입니다. 눈을 감고 침묵 가운데 있다 보면 수도 없이 소음이 들릴 것입니다. 세상의 소음과는 비교되지 않는 많은 소리가 자기 마음속에서 끊임없이 올라옵니다. 여러분은 분명히 '아! 내 심령이 이렇게 시끄러운 곳이었구나' 하고 깨닫게 될 것입니다. 이 소음들이 우리가 주님을 의식하는 방해물들이 됩니다. 이것이 분심입니다. 분심은 하나님과의 깊은 교제를 방해하는 모든 방해물을 말합니다.

분심의 종류는 다음과 같습니다.

① 내적 소음: 의식 또는 생각들, 계획, 기억, 잔상, 기타 여러 가지 생각

② 외부의 소음: 간지러움, 육체적인 고통
③ 평가하는 마음: '내가 지금 기도를 잘하고 있는 것인가?'
  '어떻게 하면 더 잘할 수 있을까?'
  '영적 지도자에게 무엇을 물어 볼까?' 등
④ 영적인 생각 또는 영적 환시와 깨달음(향심기도의 목적은 깨달음이 아니라 하나님과 함께 있어 깊은 사귐을 갖는 데 있습니다.)

그러면 분심은 어떻게 다뤄야 할까요?
분심을 다스리는 방법은 다음과 같은 세 가지 방법이 있습니다.

첫째, 분심과 싸우지 말고 흐르게 놔둡니다.
분심을 없애려 애쓰지 말라는 말입니다. 어떤 사람은 향심기도를 할 때 생각을 멈추라고 가르치는데, 그것은 잘못된 것입니다. 우리의 생각은 원래 멈춰지지 않습니다. 생각은 뇌가 완전히 정지할 때 멈춥니다. 생각은 그냥 흘러가는 것입니다. 그러므로 생각의 분심들은 그저 흘러가게 내버려 두는 것이 좋습니다. 생각은 흘러가게 두고 그것에 마음을 빼앗기지 않고 계속해서 주님을 의식하십시오.

둘째, 거룩한 단어(Sacred Word)를 사용합니다.
거룩한 단어는 그 안에 큰 의미를 두고 묵상하려는 단어가 아닙니다. 주님께 지향하는 상태로 돌아오게 하는 도구에 불과합니다. 거룩한 단어는 특별히 정해진 것이 없고 자신이 정하는 것입니다. 보통은 하나님, 주님, 아버지, 샬롬, 아멘 등을 거룩한 단어로 삼습니다.

셋째, 다스릴 수 없는 분심을 통해 하나님과 더 깊은 사귐으로 들어갑니다.

분심을 아무리 흘러가게 내버려 두어도 생각의 소용돌이 속에 빠진 것처럼 분심이 흘러가지 않고 거기서 헤어 나오지도 못하는 경우가 있습니다. 그 생각은 분심이라기보다는 하나님께 더 가까이 오도록 그리고 더 깊이 잠기도록 하나님이 초대하는 것일 수 있습니다. 그 문제를 넘어서야 더 깊은 사귐의 단계로 들어 갈 수 있기 때문입니다. 그때는 차라리 그 생각의 소용돌이에 빠져 있는 것이 주님과 깊은 사귐을 갖게 하는 과정이 되기도 합니다.

다르게 표현하면 기도 안에서 우리의 전 존재를 성령님께 맡기게 될 때 우리의 심리적인 상처들과 생각의 쓰레기들이 치유되고 비워지는 과정을 겪기도 합니다. 우리의 사고나 지각과 정서들이 마치 파도가 밀려오는 것처럼, 또는 화산이 폭발하는 것처럼 주체할 수 없을 때가 있습니다. 그때는 여러분은 거룩한 단어를 찾을 수도 없고 찾는다 해도 도움이 되지 않을 수도 있습니다.

이런 경우에는 일어나는 그 상황을 그대로 받아들이는 것이 거룩한 단어의 구실을 할 수도 있습니다. 다시 말해 우리 인식 안에 원시적인 정서나 나를 괴롭히는 사고들이 있다는 사실이 하나님과 함께하고 싶다는 우리의 지향을 나타내는 상징이 될 수도 있다는 것입니다.

5. 향심기도 실습

향심기도는 자세가 중요합니다. 우선, 의자에 바로 앉아 허리를 꼿꼿이 세우고 몸의 긴장을 풉니다. 특히 움츠러든 어깨에 힘을 빼고 편안한 자세를 취합니다. 두 손은 앞으로 가지런히 모으고 눈은 살며시 감습니다. 오늘은 맛보는 시간입니다. 오늘은 침묵의 평온함과 그 맛을 느끼기기만 해도 큰 성과일 것입니다. 지금부터 40분 정도 침묵하며 앉아 있을 것입니다. 마음속에 떠오르는 분심을 떠나 하나님께 지향하게 하는 자기만의 거룩한 단어를 선정해 주기 바랍니다. 이제부터 하나님 안에서 침잠합시다. 젖 뗀 아이가 어머니 품에서 잠든 것같이 모든 것을 내려놓고 우리 영혼을 주님께 온전히 맡깁시다.

6. 리뷰

이제 향심기도를 통해 느낀 점을 적어 봅시다.

_____
_____
_____
_____
_____
_____
_____
_____
_____

7. 소그룹 나눔

작성한 리뷰를 바탕으로 소그룹에서 서로 나눕니다. 그리고 지금까지 성찰일기를 쓰면서 얻은 유익들을 나눠 봅니다.

8. 과제

오늘 배운 향심기도를 1회(30분) 이상 실습해 봅니다. 기도가 방해받지 않을 장소와 분위기를 만들고 실습하는 것이 좋습니다.

성찰일기 1
월   일

성찰일기 2
월   일

성찰일기 3

월   일

성찰일기 4

　월　　일

성찰일기 5
월   일

제9장

여덟 번째 만남: 일일 묵상 수련회
(총책임자에게 드리는 조언)

1. 일일 묵상 수련회에 대해(총책임자에게 드리는 조언)

묵상 학교의 마지막 시간은 묵상 수련회로 장식합니다. 바쁜 일상에서 하루를 뺀다는 것은 쉬운 일이 아닙니다. 하지만 잠시 일상을 떠나 자신과 주변을 돌아보며 성찰하는 시간은 영적 성장에 많은 도움이 되고 지금까지 진행해온 묵상 학교를 정리하며 묵상의 삶을 결단하는 데 큰 유익이 있습니다.

묵상 수련회를 1박이나 2박을 하면 더 효과가 크겠지만 여기서는 일일 수련회로 구상해 순서와 프로그램을 소개합니다. 교회의 목회 방향에 맞추어 새롭게 구성해 진행해도 무관합니다만, 수련회 구상에 도움이 될까 해서 개인적 경험을 나눕니다.

묵상 수련회는 침묵 수련회로 진행하는 것이 좋습니다. 함께 먹고 이야기 나누며 분주하게 진행하는 것보다, 이 시간만큼은 분주함을 내려놓고 입을 닫고 마음을 열어 주님과 깊이 있는 시간을 갖기를 추천합니다. 수련회 내내 침묵하는 것이 낯설고 힘들 수 있지만 침묵 그 자체가 주는 무게감은 큰 은혜로 다가올 것입니다. 침묵 수련회는 공동체성이 떨어지지 않는가 하는 의문을 가질 수 있지만, 가벼운 말들에서 생기는 공동체성보다 침묵하는 자들 가운데 이루어지는 유대감은 또 다른 은혜가 있습니다. 깊은 침묵 속에서 서로의 고요한 갈망이 만난다고 표현하면 맞을 것 같습니다.

침묵은 나눔의 시간 외에 모든 시간을 엄하게 지키게 하고, 잠시 휴대폰에서 자유할 수 있도록 해야 하며, 서로 만났을 때 인사도 피하게 하고(조용히 지나치며 그 영혼을 위해 마음속으로 짧은 중보기도 하는 것으로 대신합니다), 개인적인 독서도 허락하지 않아야 지켜질 수 있습니다.

묵상 수련회의 장소는 외부로부터 방해 받지 않을 수 있는 조용한 곳이면 좋습니다. 외부와 접촉을 피할 수 있다면 교회에서 진행해도 무관합니다. 다만 침묵이 방해되어 깨지지 않도록 환경을 잘 조성해야 합니다. 침묵하고 집중할 수 있는 화려하지 않고 단순한 데코레이션을 준비하는 것이 좋습니다.

2. 일일 묵상 수련회의 주의 사항(소그룹리더에게 드리는 당부)

1) 휴대폰, 라디오, 아이패드 등을 사용하지 않습니다. 이것들은 스텝에게 맡기도록 합니다.
2) 허락된 시간(기도 나눔, 개인 영성 지도, 은혜 나눔) 외에는 절대 침묵을 유지하게 합니다.

3) 꼭 필요한 요구 사항이나 전달 사항이 있을 때는 게시판에 이름과 내용을 적어 놓게 합니다(예: "000 집사입니다. 소화제 좀 가져다 주세요", "볼펜이 필요해요" 등).
4) 이동 중 함께 다른 참여자를 만나면, 인사하지 않고 고개를 숙이고 서로를 위해 짧게 중보기도 하며 지나치도록 합니다.
5) 묵상 수련회 총진행자와 영성 지도자를 통한 과제 이외의 책과 성경책도 따로 읽지 않도록 합니다. 기도와 성찰의 내용을 적는 것은 허용합니다.
6) 식사 시간에는 질서를 지키고, 혼자 앉아 침묵하며 식사하도록 합니다.
7) 시간을 엄수하게 합니다. 모든 프로그램의 5분 전에 착석해 기다리게 합니다.

3. 일정표

시간	프로그램	진행자를 위한 Tip
10:00	개강 예배 및 오리엔테이션	
10:30	아침 묵상	묵상 학교에서 배운 묵상기도를 하나 선정하고 또 본문도 선정해 진행합니다. 일일 묵상 수련회는 자신을 돌아보는 마지막 시간인 만큼 말씀반추를 권합니다. 말씀반추 실습에서는 "구겨진 종이컵"을 사용했는데 이번에는 "꽃다발"을 사용해 진행합니다.
11:00	조별 나눔	아침묵상의 내용을 조별로 나누는 시간을 갖습니다.
12:00	점심 식사	
13:00	개인 영성 지도 및 관계를 돌아보는 묵상	모든 참여자는 자신의 주변과의 관계를 돌아보는 묵상에 참여하며 동시에 신청자에 한해서 개인 영성 지도를 진행합니다. 자세한 내용은 프로그램 설명을 참고하세요.
16:00	은혜 나눔(결단과 평가)	전체가 모여서 관계를 돌아보는 묵상의 내용을 나누고, 묵상 학교를 평가하며, 묵상의 삶을 다짐하는 결단의 시간을 갖습니다. 지속적인 묵상을 원하는 분들을 묵상 그룹 모임으로 그 자리에서 묶어 주는 것이 좋습니다.
17:00	성찬식	

4. 프로그램 소개

1) 개인 영성 지도

일일 묵상 수련회에서 개인 영성 지도를 해 보기를 권합니다. 그러나 영성 지도를 할 수 있는 분들을 초청해서 하면 더할 나위 없이 좋겠지만, 여의치 않으면 각 교회 목사님들이 담당해도 무관합니다. 앞서 말씀드린 것처럼 영성 지도자는 동반자요, 들어주는 자입니다. 일일 묵상 수련회에서는 '자신이 갖고 있는 하나님의 이미지'가 무엇인지, 묵상기도에서 어려운 점은 없었는지 하는 정도만 들어주는 것이 좋겠습니다.

개인 영성 지도를 위해서는 별도의 공간을 마련해 조용히 이야기를 나눌 수 있는 차분한 분위기를 연출하도록 합니다. 개인 영성 지도 시간은 한 사람당 20분이 넘지 않도록 합니다. 주의할 점은 신학적인 언쟁을 피하고 지나치게 설명하려 하거나 답을 주려하지 않는 것입니다. 수련회에 참석한 사람 모두 개인 영성 지도를 받게 할 수도 있고 아니면 신청자에 한해서 받게 할 수도 있습니다.

2) 관계를 돌아보는 묵상

묵상 학교를 마무리 하며 자신이 맺고 있는 관계를 돌아보는 시간을 갖습니다. 건강한 영성은 건강한 관계로 나타나기 마련입니다. 나를 둘러싼 관계는 크게 하나님과 나의 관계, 나와 이웃과의 관계, 그리고 나와 나 자신의 관계로 구분할 수 있는데, 이 세 관계에서 한쪽으로 지나치게 치우쳐 있는 경우는 대부분 건강하지 못한 영성입니다. 한 쪽에 집착한 것이기 때문입니다.

나를 지나치게 사랑해서 하나님과 이웃을 등한시하는 것도, 이웃과의 관계에 지나치게 집착해 하나님과 자기 자신을 내팽개쳐 버린 경우도, 그리고 하나님께 악착같이 매달리면서 이웃도 없고 자신도 없는 삶을 사는 것도 건강하지 못한 영성입니다. 본인들은 그것이 사랑이라고 하겠지만 사실 그것은 사랑이 아니라 집착입니다.

진정한 사랑은 집착하지 않고 거룩한 거리(sacred distance)를 유지하며, 그 안에서 평안함을 누리는 것입니다. 관계를 돌아보는 묵상은 이 집착을 깨닫고 거룩한 거리를 확인하는 묵상이라 할 수 있습니다. 집착을 사랑으로 바꾸는 계기를 갖는 것이라 할 수 있습니다.

관계를 돌아보는 묵상은 기존 수련회에서 하는 센터 학습의 형식으로 구성합니다. 참가자는 지점과 지점을 순회하면서 주제에 따른 묵상과 활동을 하도록 합니다. 이때 정해진 순서가 없이 비어 있는 묵상 지점에 찾아가 그 지점에서 인도하는 활동과 묵상을 하고 다른 지점으로 이동하도록 합니다. 각 지점의 묵상의 내용과 활동은 다음과 같습니다.

(1) 하나님과 나

이 지점은 하나님과 나의 관계를 돌아보는 곳입니다. 영성 형성에서 중요한 부분을 차지하고 있는 것이 자신이 가지고 있는 하나님 이미지입니다. 보통 성도들은 자신이 가지고 있는 하나님 이미지를 잘 알지 못합니다. 아마 자신 내면에 있는 하나님의 이미지에 대해서 한 번도 생각하지 않고 지내 온 사람들이 많을 것입니다.

그래서 하나님 이미지를 표현해 보라 하면 대부분 진짜 자신이 가지고 있는 하나님의 이미지가 아닌 학습된 이미지를 말하는 사람들이 적잖이 많습니다. 진작 자신이 가지고 있는, 그래서 실재 자신의 영성에 영향을 미치고 있는 이미지는 다른 경우가 많습니다.

따라서 이 지점에서는 자신이 관계 맺고 있는 하나님의 이미지, 자신의 심령에 깊이 영향을 미치는 하나님 이미지, 내가 생각하고 믿는 하나님의 이미지가 무엇인지 분명히 표현하도록 돕습니다.

참가자는 잠시 자리에 앉아 자신 안에 있는 하나님의 이미지가 무엇인가?

실재로 내 영성에 영향을 미치는 하나님의 이미지가 무엇인가?

생각해 보고 준비된 점토로 그 모습을 만들어 봅니다.

(2) 나와 이웃

이 지점에서 참가자는 자신과 자신 주변의 이웃과의 관계를 돌아보는 시간을 갖습니다. 주변의 이웃은 여러 가지가 있으나 여기서는 가족을 돌아보는 센터, 소외된 이웃을 돌아보는 센터, 생태를 돌아보는 센터를 소개합니다.

① 가족을 돌아보는 센터

> 리더 Tip. 묵상 수련회 준비 단계에서 미리 참가자의 가족에게 연락해 사진을 받아 걸어 놓거나 모니터를 준비해 참가자 가족의 사진 파일을 제작해 놓으면 좋습니다.

하나님이 선물로 주신 부모와 배우자 그리고 자녀들 중 택해 편지(또는 엽서)를 써 보내도록 합니다.

② 이웃을 돌아보는 센터

> 리더 Tip. 묵상 수련회 준비 단계에서 미리 소외된 이웃의 사진이나 각 교회에서 섬기는 선교지의 사진 또는 영상을 준비하면 좋습니다.

잠시 잊고 지냈던 소외된 이웃을 생각하며 중보기도를 드립니다.

③ 생태를 돌아보는 센터

> 리더 Tip. 물, 하늘, 땅의 사진을 마련해 천지창조의 신비로움과 아름다움을 표현하고, 큰 지구본을 준비하면 좋습니다.

병들어 가는 지구와 생태를 바라보며 준비된 지구본을 가슴으로 끌어안고 잠시 묵상합니다.

(3) 나와 나

이 지점에서 참가자는 자신을 바라보는 시간을 갖습니다.

> 리더 Tip. 묵상 수련회 준비 단계에서 참가자의 사진을 준비합니다. 묵상 학교를 진행할 때 사진을 미리 여러 장 찍어 놓으면 좋습니다.

자신을 바라보고 밖으로 나가 수련장 주변을 돌며 자신을 표현할 수 있는 것을 찾아 보관하게 합니다. 그리고 은혜 나눔 시간에 함께 나누며 이야기하도록 합니다(예: 꽃, 돌멩이, 나뭇가지, 쓰레기 등).

(4) 십자가와 나

이 지점에서 참가자는 십자가 앞에 머물러 있는 자신을 묵상합니다.

> 리더 Tip. 십자가를 세워 놓고 그 앞에 머물도록 합니다. 십자가를 세우기 어려울 경우 촛불 장식과 함께 눕혀 놓아도 좋습니다.

십자가 앞에 머물러 있는 자체만으로도 많은 은혜가 있을 것입니다. 십자가를 바라보게 합니다. 또 만지고 안아 보도록 합니다. 십자가가 주는 메시지는 각각 다르겠지만 그 어떤 것보다 강력하고 자신을 돌아보는 깊은 성찰로 인도할 것입니다.

(5) 묵상 학교를 돌아보며(결단과 평가)

마지막으로 지난 8주간의 묵상 학교를 돌아보는 지점을 마련해 둡니다. 참가자들이 이 지점에서 묵상 학교에서 배운 것과 느낀 것, 그리고 받은 은혜를 헤아려 볼 수 있게 하고, 무엇보다도 앞으로 묵상의 삶을 살도록 결단해 차후로 미루지 않고 묵상 그룹에 가입하도록 돕는 것이 좋습니다.

3) 은혜 나눔

은혜 나눔 시간은 일일 묵상 수련회를 마무리하는 동시에 묵상 학교를 마치는 시간이 됩니다. 시간 안배를 잘 해서 한 사람씩 나와서 나를 돌아보는 묵상 시간에 자신을 표현하는 물건을 들고 자신을 소개하고 묵상 학교에서 받은 은혜를 나누는 시간을 갖도록 합니다.

이때 참가자 옆에 그동안 중보기도하며 묵상 나눔을 도왔던 소그룹 리더가 옆에 서서 마지막까지 동행자로 서 있는 것이 좋습니다. 그리고 자신의 멤버가 나눔을 마치면 살며시 안아 주거나 악수를 하는 것을 권해 드립니다.

그리고 소그룹 리더가 만들어 세워 놓은 영성 나무에 안아 준 참가자의 이름이 적힌 나뭇잎을 붙여 줍니다. 은혜 나눔이 모두 마친 뒤에는 세워 둔 영성 나무 앞에서 사진 촬영을 합니다.

5. 묵상 학교를 돌아보며

1) 묵상 학교를 통해 배운 묵상의 방법 중 가장 기억에 남고 지속적으로 하고 싶은 묵상 방법은 무엇입니까?

_____
_____
_____
_____

2) 지난 8주간 묵상의 삶을 통해 변화된 것이 있다면 어떤 것이 있습니까?

_____
_____
_____
_____

3) 묵상 학교를 다른 사람들에게 소개하고 권면하고 싶으신가요? 소개하고 권면하고 싶은 사람의 소속과 이름을 적어 봅시다.

_____
_____
_____

4) 묵상 학교를 마치면서 하고 싶은 이야기는 무엇입니까?

_____
_____
_____
_____

● 총진행자에게:

_____
_____
_____

● 소그룹 리더에게:

_____
_____
_____

● 묵상 학교를 참여할 다음 기수 참가자에게:

_____
_____
_____

5) 묵상그룹에 가입해 지속적으로 묵상 모임을 갖기를 희망합니까? 함께하고 싶은 선호하는 그룹의 특성이 있으면 적어 주기 바랍니다(예: 연령대, 직업군 등).

_____
_____
_____
_____